시간이 머물던 자리

시간이 머물던 자리

초판 1쇄 발행 2025년 9월 1일

지은이 김임수
펴낸이 장현수
펴낸곳 메이킹북스
출판등록 제 2019-000010호

디자인 홍규선
편집 홍규선
교정 안지은
마케팅 김소형

주소 서울특별시 구로구 경인로 661, 핀포인트타워 912-914호
전화 02-2135-5086
팩스 02-2135-5087
이메일 making_books@naver.com
홈페이지 www.makingbooks.co.kr

ISBN 979-11-6791-748-5(03810)
값 18,000원

ⓒ 김용언 2025 Printed in Korea

잘못된 책은 구입하신 곳에서 바꾸어 드립니다.
이 책의 전부 또는 일부 내용을 재사용하려면 사전에 저작권자와 펴낸곳의 동의를 받아야 합니다.

홈페이지 바로가기

메이킹북스는 저자님의 소중한 투고 원고를 기다립니다.
출간에 대한 관심이 있으신 분은 making_books@naver.com으로 보내 주세요.

시간이 머물던 자리

김임수 산문집

메이킹북스

책을 내면서

　시간이 느림보라고 생각하던 시절이 있었다. 국민학교에서 수업이 일찍 끝나기만 기다리며 아까 하던 땅 뺏기 놀이를 계속해야 한다는 일념이나, 힘센 선배에게 얻어맞고는 '나도 커서 힘이 세지면 이길 수 있는데'라는 생각에 사로잡혔던 어린 시절이었다.

　그런데 지금은 쏜살같은 세월이 두렵다. 의욕에 못 미치는 몸뚱이가 세월을 거스르지 못하는 자연의 이치를 체험하며, '나이는 숫자일 뿐'이라던 노익장이 부러운 심사를 부인할 수 없다. 그럼에도 불구하고 귀여운 손주들과 함께 보내는 공간에서 기쁨과 희망과 감사와 사랑이 샘솟듯 하니 행복한 마음으로 인생의 황혼을 즐길 수 있음에 감사하다.

　나의 형님은 대학 시절 문우들과 함께 『산문시대散文時代』라는 동인지를 발간하였고, 훗날 문학 평론가가 되어 평생을 문학의 길에 몸담았다. 형님이 문우들과 나누던 토론을 어깨너머로 들으며, 문학에 무지했던 나도 점차 책을 읽고 일기도 쓰면서 습작을 취미 삼게 되었다.

문학적 소양이 부족한 처지에 책을 출판하게 되어 부끄럽지만 읽어주는 친지와 벗들에게 고마울 따름이다. 평소 취미 삼아 꾸준히 작문을 해온 나의 일상을 지켜보던 아들이 책을 내자고 권하였다. 원고를 정리하던 중, 시력 악화로 포기하려 했지만, 아들이 원고 교정과 출판을 적극 도와줘 겨우 완성할 수 있었다.

누구에게나 인생을 살면서 소중하고 즐겁고 감격하고 만족하고 행복한, 아름다운 추억이 있는가 하면 슬픔, 고통, 절망, 번뇌, 패배 등 쓰라린 경험도 할 수 있기에 나의 사연에 특별한 가치를 부여하려는 뜻은 아니다. 다만 딸과 아들을 낳고 출가시켜 손자 손녀를 안아보며 행복을 느끼며 살아온 보통 사람으로서, 삶의 흔적을 남기고자 하는 바람일 뿐이다.

2025년 8월의 어느 날
김임수

목차 | 책을 내면서 4

01 가족 이야기

내가 찾은 바다 (1975. 08) 11
표절과 모방 (1975. 10) 13
맞선 (1976. 01) 15
출장과 딸 (1977. 05) 17
모정母情 (1984. 05) 19
세상 나온 손주야 (2000. 10) 22
새 생명의 신비 (2000. 11) 24
결혼 30주년 (2002. 01) 26
5월의 여인 생각 (2004. 05) 29
천국여정天國旅情 (2005. 12) 33
5월의 사모곡思母曲 (2007. 05) 37
아버지 (2007. 09) 41
할아버지는 너무 늙었잖아 (2011. 10) 44
손녀와 며느리 (2012. 01) 47
아름다운 사람 (2012. 03) 50
나의 손주들 (2020. 07) 53
오월五月의 사고思考 (2021. 05) 60
손주와 피서지의 하루 (2021. 07) 63
손수건 (2023. 07) 64
희망 교향곡 (2024. 04) 67
방전시대放電時代 (2024. 12) 69

02 고향 생각

흙길의 정情 (1975. 04) **73**
감나무의 추억 (1979. 08) **76**
사두봉蛇頭峰 전설傳說 (1988. 04) **78**
상실한 계절 (1990. 05) **82**
나의 살던 고향 (1991. 10) **85**
봄의 찬미 (1995. 04) **88**
100m 경주 (1998. 07) **91**
행복의 조건 (2001. 07) **94**
설향雪鄕의 풍금 소리 (2003. 01) **97**
고향의 한가위 (2020. 02) **101**
이름의 가치 (2020. 08) **105**
설날 단상斷想 (2021. 02) **108**
향촌의 풍경 (2021. 06) **112**
고향유정故鄕有情 (2021. 06) **117**
눈밭에서 (2021. 12) **122**
내가 훔친 찬란한 신록新綠 (2022. 05) **125**
두레박과 두레 (2023. 08) **129**

03 회상

궁합 (1971. 07) **135**
남강의 달빛 (1972. 10) **137**
타향 700일의 상념 (1972. 11) **139**
지상紙上반상회 (1976. 12) **143**
전봇대 행진곡 (1978. 06) **145**
일당백一當百 (1984. 06) **148**

버스표 판매원의 봉사奉仕 (1985. 10) **151**
전주의 역할은 도로의 차선입니다 (1993. 09) **154**
한여름 밤에 생긴 일 (1995. 08) **157**
옛날의 금잔디 (1997. 12) **160**
만추晚秋의 계절 (2005. 10) **163**
자전거 접촉사고 (2014. 07) **166**
승용차를 처분하고 (2021. 04) **169**
호랑이 담배 피우던 시절의 추억 (2022. 09) **173**

04 나의 벗

선배님 친구여 아우여 (1978. 06) **178**
사색의 계절에 (1993. 08) **180**
동창회 (1995. 01) **183**
친구야 친구야 (2010. 08) **186**
동무 생각 (2019. 10) **190**
그리움의 계절, 가을 (2021. 09) **194**

05 이별

추모의 마음 (2011. 04) **199**
그리움의 심연 (2020. 02) **201**
헤어짐의 고뇌 (2020. 11) **205**
그리움만 쌓이네 (2021. 06) **209**
인연과 그림자 (2025. 02) **215**

06 사색

한밤의 사연 (1971. 05) **219**
꿈속의 여인 (1971. 05) **223**
송구영신送舊迎新 (1974. 01) **227**
병상病床에서 (1987. 11) **230**
눈을 기다리는 마음 (1989. 01) **233**
거짓말 경연대회 (1993. 12) **236**
봄의 문턱에서 (1998. 02) **240**
장난감의 희망사항 (2019. 09) **243**
밤새 안녕하셨습니까? (2020. 08) **247**
똥의 철학 (2023. 04) **251**

07 여행기

미 대륙 여행 (2007. 09. 21~10. 05) **256**
장가계 원가계 여행 (2010. 05) **269**
북유럽 여행 (2013. 09. 04~09. 15) **273**
발칸반도 여행 (2016. 05. 16~05. 23) **290**
뉴질랜드 여행 (2017. 12. 19~12. 26) **298**

01
가족 이야기

내가 찾은 바다 (1975. 08)

내가 바다를 찾아간 뜻은 세 살 먹은 어린 딸에게 대자연을 구경시키는 시청각 교육을 위해서였다. 아이는 그림과 사진으로만 바다를 보았기에 텔레비전이 극성스럽게 해변을 선전하면 손뼉을 치며 바다에 가자고 조른다. 태양열이 불타는 여름 휴가를 얻어 딸의 고사리손을 잡고 내 고향 서해의 동호 해수욕장행 버스를 탔다. 버스는 어린 벼가 익어가는 푸른 들판을 지나며 비포장도로라 먼지가 숨이 차는데도 딸은 신이 나는 모양이다.

전라북도 서남쪽의 이곳은 송림松林이 일품一品이다. 도시인들이 찾지 않아 아직 환경오염이 안 된 순박한 해수욕장이 맘에 든다. 화려한 해수욕복 대신 삼베적삼에 무명 팬티를 입은 소박한 아낙네들이 모래 속에 숨어 있는 모래찜은 동호해수욕장에서만 볼 수 있는 풍경이다.

"복순 엄니 이 얼음과자 같이 먹세."

"괜찮은게 혼자 잡수시오 잉."
"아따 나눠 먹장게 너무 더운게 목이나 축이잔 말이여."
"그러면 쬐금만 남겨 주시오 잉."

 인정이 넘치고 순진무구한 촌 아낙네들의 다정한 모습이 아름답다. 그 시절 〈주고 싶은 마음, 먹고 싶은 마음〉 또는 〈미스터 콘〉, 〈미스 차〉라고 선전하던 유명 메이커 제품도 아닌 10원짜리 나무 아이스케키 한 개를 사 들고 정겹게 나누어 먹는다. 부인들은 된장에 풋고추 찍어 보리밥을 먹으면서도 평화롭다. 나도 그분들처럼 도시락 싸 들고 와서 자연에 푹 빠져 놀다 왔는데 어린 딸은 그때의 추억을 간직하고 있는지 궁금하다.

표절과 모방 (1975. 10)

　표절이란 말이 있다. 문학이 영그는 가을, 예술의 계절, 식자들 간에 소란의 요소가 되는 표절이란 낱말이 우리의 견문을 넓혀주는 때도 있다. 따라서 나도 여가 선용을 위해 독서를 즐길 때는 가끔 표절(?)을 하여 자기도취하기도 했다. 지금은 독서할 수 있는 정신적 여백이 아쉽기 짝이 없고 책이 멀어지는 환경은 자신의 무지와 무식이 노출되어 화사한 단풍이 가랑잎으로 보이는 사고력은 표절보다 모방이 앞선다.

　나의 조카 용욱은 다섯 살짜리 유치원생이다. 부친은 외국에 유학을 가셨고 아빠의 얼굴을 모른 채 엄마에게서 자란다.
　"용욱아, 혹시 밖에서 모르는 아저씨가 과자 사주며 멀리 놀러 가자고 하면 따라갈 거니?"
　"아니야, 유괴 사건이야! 하고 소리칠 거야."
　작금 고질화된 유괴 사건이 전염병처럼 사회에서 극성을 떨어 천진난만한 어린이들, 유치원(보모도 어른인데)에서 어른을 불신하라는 교육을 받는 모양이다.

"이번 추석에는 아이들 새 옷 사입히지 마세요. 혹시 유괴범이 돈 있는 집 아이로 착각하고 유괴하면 큰일이니까 말씀입니다."

참말로 반가운 제안이다. 마누라의 생각이 누구를 모방한 것이라 할지라도 고달픈 샐러리맨은 용기를 얻고 친지들에게 지난 추석에 인색한 명절, 아이들에게 조촐한 명절로 검소한 추석을 보냈지만, 오늘 나는 사랑하는 자식들에게 글로 사과하련다.

맞선 (1976. 01)

　동생이 맞선 보는 날 오후 함박눈이 펑펑 쏟아지는데 칠순 어머니는 시골에서 완행 버스를 4시간이나 타고 오셔서 조금도 피로한 기색이 없으시다. 여섯째 아들 며느리 후보는 당신이 먼저 보시겠다는 일념으로 추위도 무릅쓰고 찾아오셨는데 상대 측에서 맞선자리에 노인이 참석함을 곤란하게 생각한다기에 사정을 말씀드리니 섭섭한 표정을 지으며 집 안으로 들어가신다.

　제수 될 분 후보와 마주 앉으면 분위기를 화목하게 조성해야 하련만 언변도 없고 멋없는 젊은이 주제가 부끄럽다. 그녀는 동생을 지성으로 사랑하고 행복한 가정을 가꿀 소양을 겸비한 여인일까 궁금하다. 오늘 내리는 눈雪이 서설瑞雪이길 바라는 마음으로 침묵의 공간이 흐르는데, 다행히 중매인이 자리를 피해주어 말할 수 있었다.

　그들과 헤어져 집에 돌아오니 어머니의 며느릿감에 대한 호기심어린 질문에 긍정적 답변을 드려야만 하였다. 다음 날 고향으로 돌아가신 어머님은, 맞선 본 규수의 사주가 좋아 꼭 며느리로 삼고 싶다며 중매인에게 단단히 부탁하라는 시외 전화를 하셨지만, 혼사를 기분대로 쉽게 결정되는 일도 아니기에 기다려야 한다. 그날 고속버스를 타고 상경한 동생이 결혼하여 행복한 가족으로 탄생한다면 어머니의 기쁨이요 가정의 경사스런 축복이라 하겠다.

출장과 딸 (1977. 05)

　회사 일로 며칠씩 출장을 가는 때가 있다. 전에는 그렇지 않았는데 요즘 딸아이가 지방으로 출장 다녀온 아비를 반기려 들지 않는다. 자주 집을 비우고 저와 놀아주지 않는 아빠가 밉다는 뜻이다. 지난겨울도 여러 날 만에 업무를 보고 집에 돌아오니 세 살 난 아들은 반갑게 아빠를 맞이하는데 다섯 살짜리 딸은 시큰둥한 표정으로 돌아서더니 눈을 흘기며 "아빠 회사 사장님은 미운 사람"이라고 얄미운 한마디를 던진다. 깜짝 놀라 딸을 안아주며 왜냐고 물어보니 자기는 심심한데 매일 아빠를 출장 보내기 때문이란다. 어린이도 아버지가 없는 집이 나쁘다는 모양이다.

　딸아이가 사물을 분별하려는지 무심코 다정한 마음으로 아내의 손을 잡으려면 눈을 흘기며 아빠를 때리고 달려든다. 그런 아이가 귀엽기만 한 것은 아빠의 공통된 심정이리라.

　밤에는 서로 엄마 품에서 자겠다고 다투는 남매를 떼어놓으며 누나니까 양보하라고 타이르며 딸이 즐겨보는 TV의 외화外畵 프로를 상기시키며 "착한 어린이는 동생과 안 싸우고 잠도 혼자 자야 한다"라고 달래보지만 "싫어, 여기는 미국이 아니잖아. 난 내 침대도 없고." 하며 제 딴엔 제법 이유 있는 반항을 한다.

출장 다녀올 때마다 딸의 시무룩한 얼굴을 생각하면 마음이 언짢아진다. 오늘은 좋아하는 빵이라도 사다 주면서 달래볼까? "아빠 사장님이 너에게 주라고 이렇게 빵을 사 주셨으니, 오늘은 미운 사장님이 아닌 예쁜 사장님이란다."라고 하면서 말이다.

모정母情 (1984. 05)

　시골에 계시는 팔순 노모께서는 객지의 자식들이 손자들의 방학 기간에도 그리고 명절에도 고향에 못 오니 당신이 아들을 보고 싶어 서울에 오셨다. 며느리 집에 오는 어머니의 손은 빈손이 아니다. 고춧가루 봉지와 참기름병을 들고 찾아오셔서 "네가 그렇게도 바쁘냐? 고생하지만 회사 일은 성실히 해야만 높은 분도 좋아하느니라." 하며 아들의 안위를 염려하며 당신의 자식 입맛에 맞는 고추장을 담근다.

　어머니께서 우리 집에 계시던 어느 날 아내는 남편 직장 부녀회에 참석하기 위해 한전을 방문하였는데 지점장의 친절한 환대를 받으며 남편이 근무하는 사무실도 구경할 수 있었다. 다과회에서 아내는 과자 세 개를 남겨 들고 집에 와서 두 개는 아이들에게 나눠주고 한 개는 시어머니께 드렸는데 어머니께서는 군것질 좋아하던 자식의 어린 시절을 기억하고 계시기 때문에 며느리가 준 과자를 안 먹고 보관하셨던 모양이다. 자식이 퇴근하여 석간신문을 보고 있으려니 어머니가 작은 봉지를 내 손에 쥐여주시며 먹으라고 하신다. 아내는 어머니의 과자를 발견하고 깜짝 놀라며 회사부녀회에 다녀온 사연을 말하면서 시어머니의 아들 생각하는 모정母情에 감격하였다는데, 사십이 넘은 자식을 생각하는 노모老母의 사랑을 체험하는 심사를 표현하기 어렵다.

나의 어머니는 아이 둘 딸린 홀아비에게 시집오셔서 아들 칠형제를 낳으셨으니, 아들만 아홉 명을 기르신 장한 분이다. 특히 청상과부 시어머니의 무서운 시집살이를 인내하면서 말을 잊어버리고 손에는 구정물 씻을 틈 없고 석양이 질 때까지 종종걸음치며 살림 살면서 엄지발가락에 밤톨 크기의 혹이 생겨 아플 텐데 당신 아들 걱정할까 봐 안 아프다고 우기신다. 어머니는 당신의 건강은 지키지 못하고 자식이 배고플까 봐 계절마다 손수 음식을 만들고 광에 보관하신 후, 마치 갓난애 젖 주듯 간식을 먹여 성장시키고 구멍 난 양말을 손바느질로 기워 신기고 감기 걸릴까 솜옷 만들어 입히셨다. 어머니의 헌신적인 자식 사랑을 나는 나의 자식에게 베풀 수 있을지 자신이 없다.

어머니께서 우리 집에 계시던 겨울날이 어찌나 춥던지 고궁이나 공원을 구경시키지 못하여 꽃 피는 봄에 야외로 모시려 하였지만 어머니는 아파트 생활이 불편한지 기다려주지 않고 고향으로 떠나셨다. 살림은 큰며느리가 차지하고 농사도 못 하시고 가축 또한 기르지 않는데 고향으로 가셨으니, 불효자는 허전한 마음뿐이다. 다행히 신정新正은 서울에서 3형제와 손자들의 세배를 받으실 수 있었으며 구정舊正에는 시골의 아들들과 명절名節을 맞으셨으니, 금년은 칠형제의 세배를 받으신 셈이다.

세상 나온 손주야 (2000. 10)

전날 친정에 와서 아무렇지 않게 나약한 엄마를 도와 집안일을 하고 간 딸로부터 배가 아프다는 연락을 받고 설레는 마음으로 딸의 집으로 달려갔다. 예정일이 사흘이나 남았는데 요놈이 성질도 급하게 세상 구경을 하고 싶은 모양이다. 사위가 한 달 전 해외 지사 발령을 받아 떠난 후 만삭의 몸으로 혼자 지내기가 불편하겠기에 친정에서 지내라고 해도 "엄마가 몸이 약해서" 거절한 딸아이였기에 부모로서 서운하면서도 참으로 미안했다.

딸이 분만실로 들어간 지 다섯 시간 만에 아들을 낳았다는 아내의 전화를 받고도 내가 외할아버지가 되었다는 현실을 실감할 수 없었다. 50여 년 전 내가 기억하는 외할아버지는 하얀 수염을 기르고 항상 한복을 단정히 차려입으신 근엄한 노인으로 기억되는데 늙은이라 할 수 없어 지하철이나 버스에서 자리 양보 받을 처지도 못 되면서 정말로 노인이 돼야 할 모양이다. 그래도 나는 즐겁다. 어린애이던 내 딸이 어느덧 자라 엄마가 되고 귀여운 손자와 놀 일을 생각하니 즐겁기만 하다. IMF로 29년이나 다니던 회사를 그만둘 때 놀아줄 아이도 없고 생활이 무료해 번뇌하다가 새 직장에서 일을 하고 있지만 이제는 회사를 떠난다 해도 걱정이 안 되는 이유는 함께 놀 귀여운 손자 아이가 있기 때문일 것이다.

병원에서 지정한 면회 시간에 외손자를 만나기 위해 커튼이 열리는 창 앞에 서서 아이들의 방을 바라본다. 유리창으로 산모 이름이 적힌 쪽지를 보이니 간호사가 아기를 강보에 싸서 안고 와 외할아버지와 첫 상면을 할 수 있었다. 그놈 눈이 부신지 상을 찡그리고 있었으나 그 영롱함만은 숨길 수 없었다. "맑고 고운 우리 아기." 외손자가 퇴원하여 집에 오면 보듬어 주고, 기저귀도 갈아주고, 목욕도 시킬 것이다. 그리고 손자 놈이 기고 걸어 다니면 같이 놀아야지. 아이를 좋아했던 천상병 시인처럼 "요놈 저놈" 하며 즐겁게 따라다닐 것이다. 아직 이름 없는 우리 아기, 맑고 건강하게 무럭무럭 잘 자라길 외할아버지는 바란단다.

새 생명의 신비 (2000. 11)

- MBC 라디오 〈남성시대〉 사연글 -

   오곡백과 풍성하고 산야에 울긋불긋 물감칠하는 아름다운 계절에 제가 손자를 보았습니다. 1997년 11월 20일 MBC 인기프로인 〈남성시대〉의 축복을 받으며 결혼한 제 딸이 아기를 낳아 외할아버지의 명예를 얻게 되었다는 말입니다.

   자식 자랑 마누라 자랑하는 자는 팔불출이라 하지만 새 생명의 신기한 손자 모습을 바라보는 할아비는 팔불출이 되어도 좋으니 그놈 예쁜 짓만 기다려진답니다. 아기가 할아버지와 첫 만남의 순간에 세상이 미운지 불빛이 눈부신지 상을 찡그리는 표정을 본 아내가 "아기가 외할아버지 흉내 낸다."라고 놀려도 귀엽기만 하였습니다.

   세상에 나온 이틀 후 강보에 싸여 집에 오는 차 속에서 앙칼지게 우는 아기를 어떻게 하여야 하는지 우리는 경험이 없어 쩔쩔매기만 하였는데 어느새 새근새근 잠들어 가족들을 안심시키기도 합니다. 아가는 먹고 싸고 먹고 잔다 하더니 곤하게 자다가 깨면 강아지처럼 손을 젓고 발길질 하는 모습이 배냇짓이라고 하는 모양입니다. 아직 생후 2주도 안 된 아가가 뭘 아는지 안고 있을 때 방긋 웃는 모습은 천사도 흉내 낼 수 없을 것같이 아름다운 표정을 바라보는 환희를 느낍니다. 요놈이 어찌나 예쁘던지 보고 또 보고 안아주고 외출했다 약주 한잔 마시고 와서도 아가 곁에 오면 딸은 놀라서 술 냄새 나는 아비를 자기 새끼 옆에서 떼어 놓으려 하지만 외손자가 좋아서 외면할 수 없답니다. 잠이 오면 칭얼대는 아가를 안고 즐겁게 자장가를 부르는 외할아버지입니다.

자거라/ 아가야 / 귀여운 아가야/ 꽃 속에 잠들은 벌 나비같이/

27년 전 딸이 아가 시절 불러주던 자장가인데 노랫말은 그대로이지만 목소리가 영 틀렸는지 딸은 외할아버지의 입을 막아버립니다. 그런데 외손자는 생후 4주 만에 자기 집으로 갔습니다. 외할미는 아가를 보내고 3년 전 딸을 시집보내던 날 울었듯이 충혈된 눈으로 외손자가 보고 싶어 못 견디겠다고 합니다. 아가가 떠나고 하루도 안 되었지만 젖은 잘 먹는지 감기는 나았는지 잠은 잘 자는지 걱정되는데 양희은 씨께서 저의 첫 손자에게 자장가를 불러주면 안 될까요? 아가가 잠들면 어미도 잠시 쉴 수 있게 말입니다.

결혼 30주년 (2002. 01)

　12월은 가랑잎 쌓이는 자연의 요람에서 사색하며 내 어린 시절 낭만을 꿈꾸는 계절이다. 하늘에서 별이 내리듯 함박눈의 신비스런 설향雪鄉에서 눈사람 만들고 썰매 타며 눈싸움하다 추녀에 열린 고드름 따먹으며 신기루 좇던 어린 시절 추억이 각인되는 12월이다. 언제부터인지 모르지만, 겨울의 문턱인 12월이 찾아올 때는 천진난만한 동심의 세월을 회상하며 꿈이 부푼다. 일간 신문마다 모집하는 신춘문예 응모 기간 12월에는 희미한 가능성 때문에 몸부림하는 작가 지망생의 싹이 움트기 때문일까?

　초겨울이 내 마음을 충만하게 하는 것은 내가 혼인한 계절이란 애착 때문이기도 하다. 황량한 객지에서 초라한 하숙 생활을 벗어나 한 여인을 신부로 맞이한 계절. 아내와 다정히 공원을 걸으며 낙엽이 쌓인 들짐승이 쉬어 간 듯한 폭신한 자리에 앉아서 나눈 희망의 속삭임은 연륜에 따라 영글어서, 2001년 12월 5일은 벌써 결혼 30주년이 되었다. 어느새 시집간 딸이 아기를 낳아 외할아버지란 훈장을 달았고, 대학 졸업하는 아들이 어렵게 취직하여 첫 월급을 받아 어머니께 용돈 드리고, 조카에게 줄 선물 준비하고, 독서를 즐기는 아버지에게 값진 책을 사 온 자식을 보는 부모의 감정은 그것이 바로 행복인가.

30년은 지금 내 인생의 반半이니 결코 짧은 기간은 아니다. 회상하건대 믿음과 사랑으로 가정을 가꾸었고 소망이 있었기에 함께 일치를 이루며 아이들을 가르쳤으며 저축과 근면한 생활로 사회에서 낙오되지 않은 가정으로 존재하는 것은 무엇보다도 먼저 아내의 내조가 있었기에 가능했던 일 아닌가.

우리도 가끔 반목과 다툼이 있었음을 부인할 수는 없다. 성장 과정과 정서가 다르고 문화가 상이하고 판단이 엇갈려 부부싸움도 했다. 영호남의 만남이기에 선거 때가 되면 항상 의견으로 상반된 투표를 하던 일도 생각난다. 그러나 이제는 아내의 지구력에 비해 나는 한없이 나약해졌다. 젊어서는 내가 주도권을 잡았지만, 지금은 아내의 결정에 따라 대개 순종하며 따라다닌다. 아내가 외출할 때면 함께 가고 싶고 어쩌다 혼자 있을 때는 마냥 고독해진다.

지난 주일 나는 성당에서 다정히 손을 잡고 미사 보고 돌아가는 노부부의 아름다운 모습을 바라보면서 새로운 다짐을 했다. '이번 결혼기념일에는 사랑하는 마누라와 함께 기념 여행을 다녀와야지. 그리고 30년 전의 신혼 시절처럼 망망대해를 보며 비단 같은 미래를 설계하고 산과 들 거닐며 황홀한 추억을 회상하면서 새로운 행복을 찾아보아야지.' 그리고 12월에는 송년회와 새해를 맞으려는 준비로 바쁘겠지만 그런 중에라도 지난날의 허물을 씻어 줄 새하얀 눈을 기다리련다. 서설瑞雪을 말이다.

5월의 여인 생각 (2004. 05)

　황량하던 들판이 푸른빛 묻어나고 언덕 멀리 아지랑이 아롱거리는 봄날이 깊어간다. 장미꽃 앞서 온 개나리 만개하고 정원에는 목련꽃이 백의의 천사처럼 곱기만 한데 산에는 겨울 동안 막 가지였던 나무에 핀 진달래꽃 화사하게 웃으며 우리를 반길 때면 흘러간 청춘을 불러보고 애틋한 그리움의 심연에 빠진다. 봄은 여인의 계절이기에 벚꽃가루 함박눈처럼 내리는 상춘 계절에는 정겹고 고마운 여인상을 그려본다.

　첫 번째 여인은 어머니이다.
　1989년 성하盛夏지절에 꽃상여 타고 청산에 잠드신 나의 어머니는 철저한 가부장의 권위에 순종하며 일곱 아들을 단정하게 키우신 무명 치마 적삼의 순박한 시골 아낙네였다.

　올망졸망 코흘리개 아이들이 뽕밭에 따라오면 어머니께서 마치 제비가 새끼에게 먹이 주듯이 뽕잎 사이로 숨은 까만 열매를 입에 넣어주며 사랑을 일깨워 주기에 다디단 오디 맛에도 어머니의 정이 묻어난다. 어머니가 베틀에 앉아 명주실 뽑을 때면 빨가벗은 채 고치에서 빠져나오는 번데기가 아이들의 영양식이던 행복한 동심을 회상하면 추억이 그립다.

 자식들이 용돈을 드리면, 모아서 새끼 돼지 사 와 구정물 받아 먹여 기르고, 기른 돼지 팔아서 참기름 짜고 콩된장 등 무공해 식품 보따리를 자식들에게 주는 재미로 사셨는데, 돌아가실 무렵에 치매를 앓아 아들들을 안타깝게 하고 영면하신 어머니가 지금도 그리워진다. 당신이 마흔넷에 낳은 막둥이가 네 살이 되던 해, 눈꺼풀에 단독이 번져 고통하며 쓰러진 아들을 업고 돌팔이 의사를 찾아 육십 리 길을 걸으신 강인한 어머니의 사랑은 누구도 흉내 낼 수 없을 것이다. 그래서 신록의 계절이 되면 어머님의 장례식 장면을 녹화해 둔 비디오를 보면서 사모곡을 쓰기도 한다.

두 번째 여인은 넷째 형님의 아내이신 형수님이다.

 그분은 나와 동갑인데도 높고 거룩해 앞에 서면 기가 죽는 사유가 있다. 취직한 후 1개월 수습 기간에 형님의 신혼 단칸방에서 주책없이 함께 기거하였으니, 시동생이 밉고 꼬집어주고 싶었을 텐데 참고 기다려준 새댁 형수였기에 지금도 그때를 생각하면 부끄럽기 짝이 없다. 하기야 수습이 끝나면 근무지가 서울, 지방, 어디가 될지 알 수 없어 늙으신 부모님께 하숙비를 받을 처지가 못 되므로 크디큰 총각 시동생은 한방에서 염치없이 지낼 수밖에 없었다. 훗날 우리가 신혼 시절 시골의 공무원 형님이 내가 사는 도시에서 교육받는 기간 한 달 동안 우리들 방에 기거하실 때의 불편한 환경을 경험하면서 형수님께 미안한 마음과 존경심을 잊을 수 없었다.

형수님은 내가 월급 받는 달부터 봉급액의 절반은 저축하게 하여 경제적 자립심을 갖게 한 보호자이며 선구자이기에 지금도 찾아뵙고 인생을 의논하기도 한다. 또한 궁합이 나쁘다는 점괘 때문에 번민하는 시동생을 위해 진주까지 천 리 길을 달려와 결혼을 성사시켰을 뿐만 아니라, 교수이던 형님이 1980년 시국선언으로 해직되자, 좌절하지 않도록 용기를 주고 다시 대학으로 돌아가게 내조하였으며, 조카 둘의 학업을 독려하여 대학 교수와 박사로 성장하게 한 형수님은 거룩한 우리 가족이며 고마운 분으로 생각한다.

세 번째 여인으로는 내 인생의 반려자인 아내로 숙명적 사랑이라 하겠다.

미운 정 고운 정으로 싸우고 사랑하며 40년을 함께 살고 앞으로 평생의 동반자인 아내에 대한 상념을 밝히기는 쑥스럽지만, 아들, 딸과 귀여운 손자 손녀의 존재가 우리의 희망인데 행복한 가정을 가꾸고 아름다운 미래를 위해 아내의 역량은 무한하다. 주일이면 함께 성당에 가서 미사를 드린다. 텃밭에 나와 아내는 호미질하고, 자갈밭 단단한 황무지는 괭이로 경작하여 파종하는 농부의 마음은 밀레의 〈만종〉을 상상하며 평화로운 전원을 공유하기도 했다.

지난날의 바쁜 가사노동에서 해방된 듯 외출이 잦아지고 활동이 분주한 아내 뜻대로 편안하게 생활하도록 협조하련다. "여보, 이제 곰국은 끓이지 마세요. 당신 외출할 때만 먹으니, 배에 기름 살만 찌네요. 그래도 부담 갖지 말고 재미있게 놀다 오세요. 다음에는 남편도 데려가고 말입니다."

천국여정 天國旅情 (2005. 12)

「장례비는 준비하셨나요?」 중풍으로 지속되는 고통을 벗어나려면 빨리 눈을 감아야 하는데 마치 연옥의 입구에서 돈이 없으면 지옥으로 보내겠다는 저승사자가 무서워 고개를 끄덕이던 기억이 생생하다. 세상에서 궁핍을 참아야 했고, 쓸쓸함을 이겨야 했지만, 병마의 고통에서 벗어날 수 없어 눈을 감으면서도 아직 해야 할 일을 끝내지 못한 아쉬움은 저승까지 가져갈 수 없었다.

기화요초奇花異草 가득한 화려한 공간에 벌 나비 날고 이름 모르는 새들의 찬가 소리가 울려 퍼지는, 아름다운 천국의 생활이 그분께는 평화로운 일상이지만 인간에게는 신기루 속의 상상이라 하겠다. 이곳에서는 가족 개념은 무의미하며 온 우주공간이 활동 영역으로 이승에서 함께 살던 영감만이 식구라고 생각되지 않으며 선善만이 존재하기에 모두가 동반자이다. 이곳에서 계절의 순서를 기다릴 필요는 없다. 설경雪景을 보고 싶으면 바로 하늘에서 목화솜처럼 보드란 함박눈이 내리고, 청산에 산유화 피고 아지랑이 아롱거리는 들에서 나물을 캐는 풍경도, 시냇물 흐르는 대자연의 초원에 누워 신록의 숲에서 매미의 찬가를 들으며 삼라만상의 변화를 활동사진 보듯 한다. 활동사진의 화면이 바뀌면 예쁜 꽃향기의 동산인데 벌써 가을의 계절에 불타는 것처럼 붉은 단풍의 추억을 회상할 때 어느새 색동 잎을 뽐내며 서 있는 나무에 열린 탐스런 과일은 수줍은 소녀의 볼같이 곱디곱다.

단정한 한복 차림으로 다가오는 부인의 우아한 자태를 보니 그곳에는 천사만 사는 곳인가 보다. 잠자리 날개 같은 모시옷 한복을 풀 먹여 금방 다리미질하고 곱게 차려입은 여인의 모습은 동백기름 향기와 참빗으로 가지런히 빗은 낭자머리에서 윤기 흐른다. 일곱 아들 낳아 기르며 근면과 헌신으로 고단한 여생을 보내면서 몇 해를 치매로 고생하시다가 사랑하는 아들들 곁을 영원히 떠나신 분이다.

당신의 자식들이 각자 자기 집을 가졌지만 여섯째 아들만 셋집에 사는 모습이 맘에 걸려 아들의 집을 마련해 주고 싶은 어머니는 80을 넘긴 연세에 계를 들어 푼돈을 맡기셨단다. 객지에 흩어져 사는 자식들이 고향에 와서 한 푼 두 푼 모친께 드리는 용돈을 쓰지 않고 모아 곗돈 준비하는 재미로 살면서, 당신의 여생은 생각하지 않고 꾸준히 돈을 모은다. 빨리 자식의 집을 마련해야 하기에, 마치 중국中國의 고사古史처럼 깊은 산속 냇가에서 바늘 만들어서 옷 기워 입겠다고 쇠막대를 돌에 갈고 닦는 꼬부랑 할망구의 전설을 실천하듯 말이다. 당신 자신은 맛난 음식도 먹지 않고 손주 혼사나 아들들 집에 가려면 새 옷도 입고 싶지만, 용돈을 모아 수년을 쉬지 않고 계주에게 맡겼는데 말년에 치매에 걸린 후 세상의 근심 걱정도 아들의 집을 사겠다는 계획도 까맣게 잊어버리셨다. 망각의 세월을 지내다 운명하셨으니 당신 생전의 간절한 사업 계획은 미완성 과업일 뿐이다.

"저기 세상을 좀 보세요. 우리 영감이 웬 사람과 숨바꼭질하고 있군요."

한평생 집안 살림살이를 책임지고 가계를 꾸려온 부인께서 생활력이 없는 영감의 여생에 일용하게 쓸 예금통장을 준비해 주고 눈을 감을 수 있었다. 영감은 예금통장을 집에 보관하지 않고 양복 안주머니에 넣고 다닌다. 그런데 예금통장과 관계없는 사람이 영감에게 접근하니 영감은 자꾸 피하는 모습이다. 마치 아이들이 소꿉놀이하면서 먹지 못하는 개살구 몇 개를 소유하려고 다투는 모습을 보는 것처럼 흥미롭다.

"생각하면 우리도 쓸데없는 욕심으로 사는가 봅니다. 우리 집 정원에는 애들 아버지가 주택을 건축하고 기념으로 심어둔 수령 60년이 넘는 동백나무가 자라는데, 초봄에 빨간 꽃이 피고 밤알 같은 동백 열매가 영글면 따다 기름을 짜서 머릿기름

바르고 낭자머리에 아들이 사준 금비녀 꽂으면 자랑스러웠는데 며칠 감기로 몸져누워 있다 비녀가 없어졌습니다. 아들에게 말도 못 하고 속상해하던 기억은 세상에서의 일입니다. 이곳에선 옥비녀나 금비녀 아무것이든 마음대로 장식할 수 있지만 세상에서 금비녀가 왜 소중한 물건이었는지 이상할 뿐이네요. 이곳은 욕심을 동반한 소유는 필요하지 않고 소유의 개념도 없고 구름 위에서나 나무 밑이나 꽃 속에서 쉴 수 있으며 잔디에 앉아서 사색하며 근심과 걱정을 모르고 부족함도 없으니 우린 참 행복합니다."

두 분은 전생에 딱 한 번 만날 기회가 있었을 뿐이지만 죽마지우처럼 다정하다. 한 분은 양장 복장에 파마머리이며 다른 여인은 고전 민속 전통의 낭자머리에 한복 차림을 하였고 연륜 차이가 나는데도 두 분의 관계는 우주의 모두를 아낌없이 나눠 가질 것같이 사이가 좋고 다정한 어른들이다. 그분들이 세상에서 자식들에게 고단한 삶을 내색하지 않고 가족을 위해 한없이 참으며 사랑을 실천하는 자애로운 어머니의 표상이다. 지금 두 분 여인의 일상에서 아쉬움을 모르고 배고픔도 목마름도 느낄 수 없는 이곳은 에덴동산이다. 잔잔한 시냇가 푸른 잔디에 누워 천도天桃 먹으며 청아한 새소리 아름답고 토끼와 호랑이의 다정한 교제가 평화롭다.

5월의 사모곡 思母曲 (2007. 05)

　동남향 아파트 발코니 창으로 맑은 햇살이 눈부시다. 며칠 전 동대문에 나가 난을 사다 심어 둔 난초 분에 봄바람 불어 넣어 주려고 창문을 활짝 열었더니 건너편 아파트 뒤 숲속에서 정겨운 뻐꾸기 울음소리가 들려오는데, 마치 어릴 적 내 고향 두메산골에 온 듯 황홀감으로 들뜬 감정을 추스르기 어렵다. 소년 시절 고향의 청산에서 흔히 듣던 산새들의 노랫소리가 하도 반가워 뻐꾸기를 찾아보려고 밖에 나오니 어느새 활짝 핀 장미꽃 향기가 취각을 자극한다. 지난봄에 대모산 골짜기는 진달래꽃 피고 지고 동네 정원에 소담스러운 목련이 우아하였는데, 어느새 아름다운 자태를 뽐내던 목련의 꽃잎은 허물을 벗은 듯 떨어져 버리고 푸른 잎으로 단장하였으니 신록의 계절이 깊어간다.

　고향의 봄 풍경은 청보리밭 보금자리에서 종달새 연애하고 개구리 못자리 논에서 엉금엉금 기어 나오고, 아지랑이 아롱거리는 언덕을 넘어 산에 나무하러 가는 청년이 지게다리를 두드리며 장단 맞춰 부르는 봄노래 소리가 구성지고, 푸른 잔디에서 나물 캐는 처녀의 상념은 무지개 꿈꾸는 계절인데, 슬하의 자식들은 자기 터전으로 떠나버린 고향의 상춘常春 계절이지만 어머니의 소망은 자손들의 안녕일 뿐이다.

 잎이 없는 나뭇가지에 새순이 돋아나고 싱그러운 숲에 산새가 깃들면, 천진난만했던 동심으로 돌아가 자연의 순수함에 감동한다. 풀벌레 울음소리 들리는 고향의 밤에 어머니와 함께 초가집 마당의 멍석을 깔아놓고 누워 찬란한 밤하늘의 별을 세고 나뭇잎이 푸르른 초하지절初夏之節에 청산으로 서쪽 새 찾아 놀던 동심이 생각나기에 말이다.

 1989년 5월 어머님이 가신 후 신록의 계절이 오면 불효자는 푸른 잔디에 앉아서 저승에 계시는 어머니가 그리워진다. 어머니는 아들 칠 형제를 낳아 먹이고 입히며 기르느라 세월에 쫓기듯 바쁘게 사신 분이다. 어머니가 훌륭한 어른인 줄 깨닫지 못했던 소학교 시절, 36세 말띠로서 친구 어머니보다 젊지 못하신 것이 불만이었던 감정이 이제는 부끄러운 추억으로 반성된다. 꽃은 다시 피고 계절은 또 오지만 어머니의 자리는 공허할 뿐이다. 가정의 달 5월에 부모님이 잠들어 계신 산소에라도 찾아뵙고 싶지만 여의치 않아, 고향 하늘을 바라보며 추모의 글을 써본다.

어머니는 항상 음식은 손수 만들어 먹이셨는데, 어머니께서 만드신 것 중 기억나는 음식으로 팥고물 넣어 익힌 수수전병과 막걸리 약간 부어 반죽해 만든 바람 빵 그리고 번데기가 있다. 특히 누에고치에서 명주실 뽑은 후의 통통한 번데기는 훌륭한 영양 간식으로 기억한다. 가을이면 장두 감 따다 광 안의 빈 항아리 속에 넣어 두고 동짓달 긴긴밤 홍시를 꺼내 주셨다. 찬바람에 감기 걸려 콜록거리는 자식에게 수정같이 곱디고운 석류 알을 공기空器에 즙 내서 주면 신통하게도 감기를 이겨낸 기억이 새롭다.

어머니는 당신의 아들에게 양말 한 켤레라도 새것을 줄 때는 명절날이나 행사 날을 택해 주신다. 그래서 새 운동화를 신고 운동회 하는 날이나 새 양복을 입을 수 있었던 명절을 잊히지 않는 어린 시절의 소중한 추억으로 기억한다.

어머니는 술을 즐기시는 아버지를 위해 가용주도 빚어 내셨고, 잔칫날이면 산자, 한과, 식혜 등 맛있는 민속 음식도 만드신 덕택에 칠 형제들은 건강하게 자랄 수 있었나 보다.

어머니는 독벌레에 물려 눈이 통통 붓고 고열로 고통하던 네 살짜리 당신의 자식 막둥이를 가냘픈 등에 업고 삼십 리 고단한 먼 길을 돌팔이 의사 찾아가신 강인한 여인이시다.

말년에 치매를 앓으실 때 찾아간 아들을 못 알아보시면서도 생신 때 오려고 "어머니 생일이 언제예요?"라고 물으면 '오월

스무닷새'라며 또렷하게 말씀하시더니, 꽃이 피고 지고, 나뭇잎은 싱싱한 5월이 시작할 무렵, 당신의 생신일은 아직 멀었는데도 일곱 명의 자식과 사랑하는 손주들을 두고 84세를 일기로 허망하게 저승으로 가셨다. 일가 조카들이 마련한 꽃상여 타고 청산에 묻히신 후 세월은 흘러가지만, 고향 선산에 잠드신 어머니가 더욱 그리워진다.

아버지 (2007. 09)

　나의 부친은 음력 1892년壬辰年 12월 27일에 나시어, 1969년 7월 26일 세상을 떠나셨으니 두 세기를 체험하신 분이다. 옛날이지만 쉰 살의 연세에 나를 낳으셨고, 또 막내는 쉰여덟에 낳으셨으니 지금의 젊은이들로서는 이해하기 어려운 일일 것이다.

　어른께서는 누님과 형님 등 삼 남매 중 막내로, 일곱 살에 아버지를 여의고 홀어머니 슬하에서 지독한 가난을 버티며 자랐다고 하신다. 입을 옷이 없어 해진 바지를 입고 맨 엉덩이가 보일 정도여서, 친구들의 놀림을 피하기 어려웠다고 한다. 그래서 어린 시절의 소원은 두루마기 한 벌 분량의 옷감만 있어도, 낮에는 걸쳐 입고 활동하고 밤에는 덮고 잘 수 있겠다는 간절한 바람이었다고 회고하셨다.

　아버지께서는 '굶기를 밥 먹듯' 하던 가난을 벗어나고자 땀 흘려 노력하며 살림을 일구셨고, 한때는 장사를 잘해 마을의 금융조합보다 현금을 더 많이 보유하실 정도로 융성하셨다. 그 덕분에 형님 집 살림을 도우시고 조카들 학자금까지 도맡아 주셨을 뿐 아니라, 주변 친척들에게도 도움을 아끼지 않으신 고마운 분이셨다. 그러나 6·25 사변으로 인해 마을은 폐허가 되었고, 장사는 시들해지고 재산도 잃어 가산이 기울어지기 시작했다. 난리통에 농사도 제대로 짓지 못해 흉년이 든 해에는 논에 벼 대신 피稗가 무성했다. 어느 날 형제들은 아버지의 인솔로 논에 나가 좁쌀 같은 피 열매를 수확해 절구에 찧어 밥을 지었는데, 꿀맛 같은 한 끼 식사의 추억은 지금도 생생하다.

사변 후 어수선한 사회에 적응하지 못한 채 사망한 큰아들의 유골을 가슴에 안고 선산에 묻어야 했던 슬픔은 말로 다할 수 없었고, 일흔의 연세에는 사업에 실패한 작은아들이 술에 취해 찾아와 사업자금을 달라며 행패를 부리는 시련도 겪으셔야 했다.

우리 아버지는 평소 책 읽기를 즐기셨다. 어릴 적 우리 집에는 고전 소설책이 많았으나, 어린 아들인 나는 제기를 만든다고 그 소중한 책들을 찢어버리곤 했다. 지금 생각하면 가보이자 보물과도 같은 책을 잃은 상실감이 크고, 철없던 시절의 행위가 후회된다. 고전 소설책은 한지漢紙를 접어 양면에 붓글씨로 필사하고, 종이 노끈으로 엮은 책이었는데, 장난감이 없던 시절 우리는 책을 찢어 구멍 뚫린 옛 엽전에 싸서 제기를 만들며 놀았다. 그렇게 한 권 두 권 사라져 지금은 하나도 남지 않았다. 아버지는 책을 읽을 때 노래하듯 멜로디를 섞어 낭독하셨는데, 그 소리를 들으며 우리는 어떤 소설을 읽으시는지 짐작하곤 했다. 가끔은 독후감을 이야기해주시기도 했는데 그 이야기들이 참 재미있었다. 또 아버지는 밥상머리에서 밥을 잘 안 먹는 아들의 입맛을 돋우기 위해, 삼국지의 장비가 닭다리 하나를 씹다가 뼈가 이 사이로 튀어나올 정도로 먹었다는 허풍 섞인 이야기를 들려주시기도 했다. 우리는 덕분에 《장화홍련전》, 《홍길동전》, 《심청전》, 《춘향전》, 그리고 중국 초·한 시대 장량의 일화까지 자연스럽게 교훈으로 배우게 되었다.

아버지는 바둑도 즐기셨다. 젊어서는 사업하시느라 쉴 틈 없이 바쁘셨지만, 노년에는 사랑방에서 친구들과 바둑을 두며 한가로이 소일하셨다. 오동나무로 만든 바둑판은 속이 비어 있었고, 안에 철사줄을 넣어 바둑돌이 놓일 때마다 기타 소리처럼 울렸기에 아이들은 그 소리를 들으려 바둑판에서 오목을 두며 놀기도 했다. 그 바둑판은 아버지의 소중한 유물이 되었을 터인데, 지금은 없어져버려 아쉬움이 남는다. 아버지의 바둑 실력은 9급에서 10급 정도셨지만, 노인들이 취미 삼아 바둑을 두시다가 한 분, 두 분 친구들이 세상을 떠나시자, 동무 잃은 외로운 말년에는 바둑 둘 상대가 없어 술을 벗삼아 여생을 보내셨다.

할아버지는 너무 늙었잖아 (2011. 10)

아파트 정원의 나무마다 울긋불긋 물드는 단풍잎이 예쁜 가을날 오후 어린이집에 손자를 데리러 가는 할아버지의 발걸음이 가볍고 즐겁다. 맞벌이 부모 대신 아이를 키워준 보모께서 들려준 자장가를 배워 우리 집 근처로 이사와 사랑하는 만 두 살 된 손자가 할아버지께 들려준 노랫말이 맞는지 확인할 수 없지만 흥얼거리며 손자와 함께 공유한 1년의 세월이 참 행복하였다. 10월의 마지막 날이면 며느리가 출산 휴가를 얻어 가정주부로 생활하면 엄마 품으로 돌아갈 손자와 이별해야 하기에 손을 마주잡고 산책하며 할아버지는 손자와 함께 공유하였던 공간의 눈부시게 빛나는 추억 속 애정을 확인하고 싶었다.

"할아버지 사랑하니?"
"조금 사랑해"라고 말한다.
어린이집에서 하원下院하면 매일 할아버지와 같이 지내며 정겨운 사이로 사랑을 공유하는 귀여운 손자이기에 왜 조금 사랑하느냐고 물으니

"할아버지는 너무 늙었잖아. 엄마를 더 사랑해야 하니까."

아무래도 손자에게 일방적 애정 표현은 할아버지의 욕구 충족을 위한 짝사랑일 뿐일까? 쭈글쭈글 흉하게 늙어버린 할아비는 엄마와 비교할 수 없는 사랑의 척도이기에 정직하게 표현하는 진솔한 아이를 통해 과욕임을 깨닫게 하나 보다. 참나무 껍질처럼 거칠어진 얼굴에 눈꺼풀은 축 처지고 생기는 검버섯이나 몸뚱이에 돋아난 사마귀와 굳은 살덩이 등 이마에서 눈 아래까지 흉한 주름살의 자화상을 보면서 호감을 못 받는 늙은이로 영역이 좁아져 허무한 마음이다.

가을바람에 낙엽 지는 단풍잎을 줍고 손자에게 보이니 활짝 반가워하며 좋아하기에 나뭇잎이 예쁘냐고 물으니 예쁘다며 가지고 엄마에게 자랑하겠다고 의기양양이다.

"이 단풍잎도 할아버지처럼 늙은 나뭇잎이란다. 여름에 초록색이던 잎이 가을 되면 늙어서 아름다운 단풍잎으로 변화하여 현중이의 사랑을 받는구나."

손자는 할아버지가 무슨 뜻으로 하는 말인지 생각해 보더니 말한다.

"할아버지는 너무 나이가 많잖아."

요놈은 단풍잎보다 20,000배도 더 오랜 세월을 살아온 할아비에게 세대 차를 강조하고 가족 사랑의 척도를 나이에 반비례하여 판단하므로 할아버지의 상념은 어리둥절 헛갈린다.

'쌍꺼풀 수술할까? 보톡스 주사를 맞아볼까?' 부질없는 짓 나이 70에 흘러간 위정자처럼 성형 수술을 생각한다면 코미디 중의 코미디 연출로 웃음거리일 텐데, 생긴 대로 부족한 모습으로 여생을 보내기로 다짐한다.

 10월 31일 칠순을 맞이하는 친구들과 해외여행 중 베트남에서 손녀 출생 소식을 듣고 일행의 축하를 받으니 참 행복했다. 까만 밤하늘에 교교한 초승달 모습은 오늘 세상에 나온 손녀가 할아버지께 인사하는 듯 신비하고 아름다운 달님이다. 마치 동방 박사에게 예수님의 탄생을 알려주는 찬란한 별처럼 말이다. 오늘도 손주들과 함께하는 공간이 즐거운 안식처다.

손녀와 며느리 (2012. 01)

손녀가 태어나 처음으로 할아버지 집을 찾아왔다.

1월 1일, 겨울 한파를 피해 포대기에 꼭 싸여 어미 품에 안겨 온 아가를 받아 보듬은 할아버지는 한없이 행복하다. 낯선 할아버지 집에서 작은 눈으로 두리번거리다 눈을 마주치고 방긋 웃는 손녀의 모습은 마치 아기 선녀 같다.

지난해 10월 31일에 태어나 이제 두 달이 지난 손녀가 "할아버지, 새해 복 많이 받으세요" 하고 세배하는 모습을 상상하니 절로 미소가 지어진다. 손자가 셋이 있지만, 처음으로 공주 같은 손녀를 안고 있으면 세상 모든 시름이 눈 녹듯 사라지고 행복이 가득하다.

아가는 잠들지 않을 때면 손을 휘젓고 발을 버둥거리는데, 배냇짓 하나하나가 사랑스럽다. 하지만 벌써 손톱이 자라 얼굴에 상처를 낼까 봐 주먹을 보자기로 싸줘야 한단다. 아가가 우는 모습을 관찰하면 배고플 때도 울지만, 기저귀가 젖어도 갈아달라고 보채기에 늘 보송보송하게 기저귀를 갈아주는 데 신경 써야 한다.

요즘 손녀는 할아버지와 이야기하려는 듯 옹알이를 하며 날마다 새로운 행동을 보여준다. 그 신비로운 모습에 손녀를 보는 재미가 쏠쏠하다. 요즘 젊은이들이 아이를 낳지 않으려는 사회 분위기 속에서도 공주 같은 손녀를 안겨준 며느리에게 고맙고 한편으로는 미안한 마음이 든다. 회사에 나가며 아이를 키우는 며느리의 고단한 삶이 떠오르기 때문이다.

아들 집 거실 벽에는 빛바랜 꽃다발이 걸려 있다. 연애 시절 100일째 되는 날 받은 꽃다발로, 6년 세월에 말라버린 꽃을 소중히 간직하는 젊은이의 정서는 늙은이에게 낯설지만 아름답게 느껴진다. 아들이 연애 시절 결혼을 서두르라고 독촉하자, 반려자 선택은 신중해야 한다며 시간을 달라고 했던 며느리. 그 모습에서 심성이 고운 사람이라는 믿음이 생겼다. 며느리가 우리와 함께 살던 시절, 첫아이를 낳고 3개월 산후 휴가를 마친 여름, 직장에 복귀한 뒤 허둥지둥 퇴근해 시부모와 함께 사는 집의 불편함을 참으며 배고프게 우는 아기를 좁은 방에서 젖 먹이던 모습이 떠오른다. 그 힘든 생활을 이겨낸 어미의 수고가 아름다웠다.

아기 양육을 위해 분가한 뒤, 어느 여름 주말, 시댁을 찾아오는 전철 안에서 잠든 세 살 아이를 안고 400여 미터를 땀 흘리며 걸어온 며느리에게 아이를 더 낳으라는 말은 매정하게 들릴지도 모른다. 하지만 천사처럼 아름다운 손녀가 태어났으니, 욕심 많은 할아버지도 이제 더 바랄 것이 없다.

딸과 아들이 식구들과 함께 집에 모이면 직계 가족 10명이 되어 흐뭇하다. 음식을 준비하느라 고단한 아내와 손주들이 시끌벅적 놀며 소란을 피워도 잘 먹는 모습을 보면 즐겁다. 가족 오찬이 끝나면 밥풀이 붙은 그릇, 국물이 남은 국그릇, 김치 국물이 흘린 접시 등 더러운 그릇들이 주방으로 모인다. 아기를 핑계 삼아 쉴 수도 있지만, 아기를 시부모에게 맡기고 설거지를 전담하는 며느리의 모습이 예쁘고 미안하다.

갓난아이를 안고 있으면 옹알이하며 할아버지를 기쁘게 하는 손녀. 동생만 예뻐한다고 투정하는 손자의 모습도 귀엽다.

아름다운 사람 (2012. 03)

　농부는 밭을 갈아 파종하고, 종달새는 창공을 비상하며 노래하고, 녹음방초 우거진 산에 꽃이 아름답게 피어나는 계절, 봄이 왔습니다. 아파트 정원에 핀 목련꽃이 낙화하는 모습은 소복 입은 여인의 허리끈 풀려 흘러내리는 치맛자락을 보는 듯 민망한데, 푸른 잎 포대기로 감싸 부끄러움을 감추는군요. 그래도 상춘이라 들에는 아지랑이가 아롱거리며 개천가 버들가지에 물이 오르니 희망의 속삭임도 들립니다.

　15년 전 한전인의 신분을 상실하고 강산의 변화를 체험했지만 배전 공사 감리원으로 거듭나니 시혜자에게 감사하며, 아지랑이를 앞세워 또다시 찾아온 봄을 맞아 기지개를 켜고 사랑하는 사람과 평화를 공유하며 행복의 꿈을 꾸렵니다.

　개천에서는 피라미 떼가 수초 속에서 숨바꼭질하고, 나무는 꽃 피고 아이들은 자라며, 우리 마음은 다정한 동무를 반기는 넉넉한 인정이 묻어나는 사색의 계절입니다. 은퇴자는 눈

내리는 겨울날 직장을 떠나던 애절하고 우울했던 순간이 회상되기도 합니다. 젊은 시절 가장의 직분을 수행하느라 무거운 짐을 떨쳐내지 못하고 고단한 세월을 숙명으로 감내하였으니, 이제는 책임감을 벗고 가벼운 마음으로 아내와 함께 산야를 거닐며 찬란한 노을을 즐기고 싶습니다. 신혼 시절부터 인생 황혼기에 이르기까지 미운 정 고운 정이 묻어나는 그 공간이 비록 순간일지라도 소중하기 때문입니다. 내가 즐겨 일하던 젖과 꿀이 흐르던 한전 시절의 아름다운 추억을 간직하고 행복했던 옛날을 그리워하며, 삼라만상에서 사물을 체험하며 시간과 공간 속에서 피어나는 소망을 가꾸렵니다.

요즘 주말이면 아름다운 세상을 만드는 아름다운 사람, 손자 손녀가 찾아오면 할아비는 신이 납니다. 젊을 때 자식을 어떻게 키웠는지 기억이 없지만 손자를 보는 재미가 쏠쏠하답니다. 어른에게 꼭 존댓말을 하는 다섯 살짜리 손자가 "할아버지, 몇 살이세요?"라고 하기에 "일흔한 살인데 왜?"라고 했더니 잠시 생각하던 요놈이 "까불면 안 되겠네."라며 세대 차이를 의식하는 아이의 말에 깜짝 놀라 사정해야 했습니다. 까불어도 좋으니 제발 외로운 할아버지와 세대 차이를 허물고 친하게 지내자고 애원하고 싶은 심정이었습니다.

어느 날 손자에게 전화를 걸어 다정한 대화를 하려는데 요놈이 뜬금없이 "잠시만요, 외할머니 바꿔 드릴게요." 하며 아이들을 돌봐주러 딸 집에 오신 사부인과 전화하게 하는 맹랑한 손자의 행동에 할아버지는 난감하기도 했습니다.

두 번째 아이는 돌 지난 손녀로, 아가의 출생 소식을 들었던 날 밤하늘의 달이 어찌나 곱던지 황홀감에 신기루를 쫓던 기억이 새롭기만 합니다. 고사리 같은 주먹을 쥐고 품에 안겨 재롱을 부릴 때 할아버지는 한없이 행복할 뿐입니다.

아기가 세상이 좋아 웃는 모습을 천사는 흉내 낼 수 있을까요? 어느새 보행기는 거실 구석에 버려두고 뒤뚱뒤뚱 걸음마 연습을 하다 넘어질까 봐 조바심이 나는데, 오이씨 같은 작은 이로 사과 조각을 베어 물며 싱긋 웃는 표정은 눈에 넣어도 아프지 않을 듯합니다. 오늘도 우리 가족은 아름다운 사람 손자 손녀가 기다려집니다.

나의 손주들 (2020. 07)

외손자 신우용

MBC 〈여성시대〉에서 김승현 씨가 사연을 소개하고 양희은 씨가 자장가를 불러주던 네 아가 시절이 엊그제처럼 느껴지는데 어느새 고등학생으로 성장해버린 세월이 얄밉구나.

너는 나의 지위를 할아버지로 격상시킨 첫 번째 놈이란다. 너를 보듬으며 50대 후반의 혈기 왕성할 때 손자를 대하려면 어색하기도 하고 신비로운 우리의 관계가 하느님의 섭리이기에 정이 차곡차곡 인연은 깊어가고 사랑은 가을 곡식처럼 영글어가나 보다.

처음 본 손자이기에 딸 집 왕래하며 유모차에 태워 외출 나왔다가 실수로 네가 넘어져 이마에 혹이 생겨서 얼마나 혼났는지 모른단다. 상처가 남아 있다면 네 엄마, 아빠에게 큰 원망을 들어야 하니 말이다.

그래도 외할아버지를 좋아해 떼 쓰고 앙탈하다가도 외갓집에 가자면 기뻐 어쩔 줄 모르고 못 신는 양말을 스스로 신으려 뒤집어 껴 신고 쫓아 나온다는 어미의 설명을 들으면 행복을 느낀단다.

　말문이 늦게 터져 세 살이 돼도 할아버지를 "하삐"라고 부르지만 싫지 않아 손자 사랑을 체험하던 기억이 새롭단다. 우용이는 우량아인데도 겁이 많아 아파트 정원에서 꽃놀이 하다가 장난삼아 꽃밭에 숨은 외할아버지를 못 찾으면 영영 이별인 줄 알고 놀라 울며불며 두리번거리다 나타난 할아버지를 발견하고, 안도하면서도 얄미운 할아버지를 때리면서 반가워하는 표정도 잊을 수 없구나.

　2016년 6월에 느닷없이 메르스(중동 호흡기 증후군) 대한민국에 창궐하여 수백 명이 병원에 격리되고 수십 명이 사망할 때 사우디(메르스 발원지)에서 오고 싶은 손자들의 귀국을 막아야 하는 외할아버지의 심정을 모르는지 울먹거리고 안타까워하는 우용이, 사태가 진정돼 7월에 비행기를 타면서 행복해하는 나의 외손자를 한없이 좋아한단다. 우용이는 나의 첫 번째 손자로 믿음과 기대에 찬 성장을 보면서 어느새 소년기를 벗어나 할아버지보다 더 크고 건강하니 고맙고 대견해 가족의 믿음이란다.

둘째 외손자 신호용

할아버지는 네가 보고 싶은데도 너는 금방 세상에 나오지 않아, 참지 못하는 조급증이 네 엄마 아빠를 졸라서 너를 만날 수 있었단다. 그래서 호용이는 형과 6년 터울이지만 할아버지는 너의 출생이 하느님의 섭리이며 가족이란 인연이기에 행복이라 생각한단다. 걸음마를 시작할 즈음 외손자가 보고 싶어 찾아가면 반갑다고 달려오다 넘어져 울음을 터트리는데 보듬어 안으면서 손자를 향한 깊은 애정을 체험하기도 하는구나. 아직 말을 못 하면서도 할아버지가 전화하면 알아듣지 못하는 소리로 응답하지만, 반가운 표현이란 뜻을 할아버지는 알아들을 수 있단다. 수시로 감정이 변하는 호용이가 순간 할아버지를 거부하면 서운하지만 호용이를 향한 호용이를 위한 호용에게 끊임없는 애교 행동으로 이제 할아버지의 사랑을 알아줘 고맙단다.

유난히도 달리기를 잘하는 호용이가 달리다 놀이터 철책에 걸려 넘어졌을 때 다치지 않았는지 노심초사했던 기억도 있지만 잘 자라니 고맙구나. 너희 아빠가 직장 때문에 열사의 나라 사우디에서 얼마나 힘들까? 걱정하면서도 여름방학이면 외갓집에 오기 위해 10시간 이상 비행기를 타고도 피곤하지 않은지 마치 이웃집에 온 듯 신이 나서 달려오는 호용이가 무럭무럭 자라니 보기가 참 좋구나. 재작년은 네 엄마 자전거를 타면 키가 작아 핸들이 어깨보다 높았는데 이제 딱 맞아 자전거를 할아버지보다 씽씽 빠르게 달렸지. 내년에는 할아버지보다 키도 크고 힘도 세고 아는 것도 많을 텐데 이제 할아버지가 호용이를 통해 배우려면 공부해야 하겠구나. 호용이는 나의 소망이란다.

친손자 김현중

네가 태어날 때 할아버지는 전주에 큰할아버지 병문안 갔다가 소식 듣고 어찌나 기쁘던지 기차와 전철을 갈아타며 신나게 달려왔었지. 몸무게 2.6kg 미숙아로 잠시 인큐베이터에서 지냈지만, 눈망울이 총총한 장손의 출생은 축복이었다. 현중이가 외갓집 근처 산후조리원에서 지낼 때도 하루가 다르게 자라는 장손의 모습을 기억해 두려고 무시로 찾아가는 게 할아버지의 행복이었고, 또 할아버지 집에 있을 때도 할아버지의 즐거움은 너로 인해 계속되었는데 어느 날 뒤집기를 시도하는 모습이 어찌나 신비롭고 감개무량한지 그 장면을 동영상으로 찍어두지 못한 아쉬움을 지울 수 없단다. 몸을 돌려 뒤집으려다 한쪽 팔에 걸려 다시 원위치했다가도 반복하고 반복 시도하다가 데그르르 굴러 성공했던 그 순간이 신기하고 네 첫 번째 성취를 축하해야 하는데…

한 살이 되면서 직장에 가는 엄마와 떨어지지 않으려고 떼도 썼지만, 곧 어린이집에 적응하고 말도 잘해 할아버지 할머니의 귀염둥이며 사물을 보면 그냥 지나치지 않고 할아버지에게 숙제로 기억되는 것 중 아파트 정원에서 주운 나뭇잎을 소중히 간직하려다 할아버지에게 맡기며 어린이집에서 돌아오면 돌려달라고 신신당부하던 손자의 부탁을 실천하려고 잘 씻어 보관하지만, 너는 집에 오면 다른 놀이에 취해 낙엽의 존재를 망각하였지.

어느 날 뜬금없이 "할아버지 몇 살이야?" 그래서 무심코 "일흔두 살인데"라고 답하였더니, "까불면 안 되겠네." 여섯 살짜리가 어른에 대한 예의를 언급하니 신통한 손자가 대견스럽다. 누구든지 그러하듯 할아버지만의 사랑으로 "현중이는 태양이야"라고 말하니 "아니야 지구야"라고 손자의 주장에 긍정하는 이유는 할아버지는 추상적이고 손자는 현실이기 때문인가 생각한다. 몇 주간 소식이 뜸해서 "현중이는 할아버지가 사랑하는 줄 알지?" "네, 저도 할아버지 사랑해요." "그런데 왜 전화를 안 했어?" "사정이 있었어요. 캠핑을 다녀왔거든요." 유치원생답지 않게 사정을 얘기하는 손자가 대견스럽구나. 그래서 손자를 위한 할아버지의 노래를 부르련다.
"현중이는 태양이요 왕자님인데/ 현중이는 광산 김가 김임수 손자/김용언의 아들입니다." 노래를 듣던 며느리가 자기 이름도 넣어 달라지만 모르는 체하는 이유는 작사한 2절의 노래를 빨리 불러야 하기 때문이란다.

多情도 病일까? 너를 안 보면 보고 싶고 그리움은 할아버지의 情인데 시시때때로 너를 향한 할아버지의 애정이 깊어만 가니 말이다. 네가 아홉 살 되던 설날 "현중이가 벌써 아홉 살이네"라며 대견해 하였더니 "할아버지는 제가 태어날 때보다 9년 더 늙으셨네요." 한다. 요놈이 주름진 내 이마를 손가락으로 펴보려고 노력하는 심사를 깨닫게 됐다. 고맙고 사랑하련다. 김현중은 행복이기 때문이다.

유일한 손녀 김현서

현서야, 네가 할아버지의 손녀로 태어나 기쁨이 충만하구나. 네가 세상에 나올 때 할아버지와 할머니는 베트남 여행 중이었는데 아빠가 기쁜 소식을 알려줘 세상이 다 내 것 같았지. 네 출생을 듣는 날 밤 십자성 남쪽나라 밤하늘에 유난히 맑고 밝은 달을 보면서 할아버지는 저 달이 현서의 얼굴이라 상상했단다.

갓난애가 언제나 클까 염려했지만 건강하게 잘 자란 귀염둥이 현서야, 사랑 덩어리야, 너를 만날 때마다 할아버지는 행복이란다. 가르치지 않는데도 말을 잘해 할아버지를 감탄하게 하였지. 현서가 세 살 무렵 아빠의 배려로 63빌딩 59층에서 식사를 하다가 창 아래로 여의도 풍경을 보면서 할아버지 손바닥을 펴고 "여의도 시가지가 내 손안에 있다." 하고 자랑하였더니 현서는 "장난감 같다"라고 말하여 우리를 감동시킨 네 상상력이 어떻게 세 살짜리 아이라 하겠는가. 한강물이 흐르고 거리에 자동차가 달리고 크고 높은 많은 빌딩과 사람들이 분주한 여의도 전경이 장난감이라니 말이다.

"현서는 누굴 닮아 말을 잘해?" 하고 물으면 "엄마." 또 "누구 닮아 예뻐?" "엄마." 한 번쯤 아빠 닮았다는 말을 들으려고 "아빠는 안 닮았어?" 하고 물으니, 오빠가 아빠를 닮았으니 자기는 엄마를 닮아야 함이 당연하단다. 지난해 겨울 어린이집에서 손녀를 데려오면서 잡은 손이 따뜻한 온기는 마치 손난로를 가진 것처럼 훈훈하다. 요놈들과 오래오래 지내고 싶은 생각은 늙은이의 망상일지라도 손녀는 나의 사랑이기에 작사한 2절의 노래를 부르련다.

"잔 자라 잔 잔 잔 자라 잔 잔잔
현서는 달님이요 공주님이죠.
현서는 이덕임의 손녀이고요.
서수연의 따~알입니다."

오월五月의 사고思考 (2021. 05)

 내게는 기억 속 큰 창고가 있다. 세월을 쌓아 둔 추억 저장고이다. 장미꽃 향기 진동하는 오월, 창고에서 보석처럼 소중한 사연을 꺼내면 그리움이 샘물처럼 솟아나 추억 속 꿈길을 걷는다.

 어린 시절, 부모님 슬하에서 아옹다옹 오순도순 일곱 형제가 살았는데, 5월이면 어머니께서는 놉[1]을 얻어 유기그릇을 닦으셨다. 밥그릇, 국그릇, 간장종지 모두 유기그릇을 사용했는데, 해마다 5월이면 이것들을 전부 꺼내 멍석 위에 펼쳐놓고 기와 조각을 빻은 가루를 물 적신 볏짚 뭉치에 듬뿍 묻혀 닦으셨다. 유기그릇 닦는 일은 해가 서산에 걸릴 무렵에야 끝이 났다. 그날 저녁상엔 새것으로 탄생한 유기그릇이 반짝였다.

 면경 같은 그릇 표면에 비치는 파란 시금치나물, 노란 콩나

---

1) 놉 : 밥과 술을 먹이고 품삯을 주어 일을 시키는 일꾼을 가리키는 민속 용어

물, 꿀맛 나는 제육볶음, 그리고 한 명당 삶은 계란 반쪽씩 총 천연색으로 비치면, 어린 동생은 자기 것이 더 멋지다고 신이 나 자랑하곤 했다. 그 시절 달걀은 쉽게 먹을 수 없는 소중한 자양분이었는데, 가난한 친구는 어머니가 학용품을 사라고 한 개 주면 그걸 팔아서 공책과 연필을 사기도 했다. 계란 한 개에 5원 하던 시절이다.

우리 집의 그 많던 유기그릇은 언제 어떻게 없어졌는지 알 수 없다. 유기그릇을 닦아 주던 동네 아낙네들이 늙고 병들어 일손이 줄어서인지, 형님이 결혼하자 며느리에게 살림을 넘겨서인지 알 수 없다. 하지만 어느 때부터인지 고향 집 식탁은 스테인리스 그릇으로 바뀌었다. 뿐만 아니라, 대가족 형제들이 유학으로, 군대로 흩어지자 부모님과 함께 앉아 먹던 식탁의 추억도 사라져 버렸다.

보릿고개 시절, 어머니께서 일하는 목화밭에 따라가면 따주시던 달콤한 다래는 최고의 맛있는 간식이었다. 어린 마음에는 어머니는 배도 고프지 않으며, 자식이 무엇을 먹고 싶은지 그 속을 훤히 들여다보고 아는 것 같았다. 그래서 수수전병도 만들어 주고 보리개떡도 만들어 주시는 것으로 알았지만, 정작 당신이 그것을 드시는 모습은 기억에 없다.

아들 생일은 5월 23일. 딸기 철이라 아들의 생일 잔칫상엔 붉은 딸기가 풍성히 올랐다. 그런 아들이 부럽기도 했다. 아비의 입장에서 보면 자식이 덜 성장한 줄 알았는데, 아버지의 칠순 행사 때 속 깊은 아들이 제 누나와 합심하여 잔치를 열었다. 초대한 일가친척의 칭송을 들으니 내 아들이지만 자랑스러웠다.

어머니는 음력 4월 18일 영면하셨으니 양력으로는 5월에 하늘나라로 가신 셈이다. 춥지도 덥지도 않은 계절에 꽃상여를 타고 청산에 잠드셨다. 그래서 내게는 5월이 탄생과 사라짐이 함께 기억되는 달이다.

시냇물 흐르고 녹음방초 우거진 오월의 고향이 그립다. 금년 오월에는 고향에 가보련다. 고향은 꿈의 요람이며 추억의 옹달샘이 있으니 언제나 찾아가도 갈증을 해소해 준다. 5월이면 유난히 생각나는 고향, 그리고 어머니. 그래서 5월은 이만큼의 내 나이에도 아이의 마음이 되게 하는 것 같다.

손주와 피서지의 하루 (2021. 07)

동산에 솟는 태양이
손자의 얼굴처럼 반갑다.
바위를 걷어차고 쏟아지는 폭포수 아래
계곡은 손주의 놀이터
푸른 초원에서 산새들 숨바꼭질하고
기화요초 향기 그윽한
계곡에서
물장구치며 나뭇잎 배 띄우니
즐거운 피서지의 황혼이 아쉬운데
해 저문 밤
이별의 허전함에
별 찾아 하늘을 쳐다보니
은하수 대동한 만월은
손녀의 행차인 양 오늘도 행복을 그린다.

손수건 (2023. 07)

　언제부터인지 모르지만, 아침마다 어김없이 찾아오는 신체적 변화로 심각한 불편을 겪어야 한다. 쉼 없이 흐르는 콧물 때문이다. 마치 추녀에 매달린 고드름이 햇빛에 녹아 떨어지는 낙숫물처럼, 고장 난 수도꼭지에서 새는 물방울같이 흘러 떨어지는 콧물은 조간신문을 읽으면서 코 풀어내는 휴지 조각이 탁자 위에 수북이 쌓이는 꼴이 심란한지 아내는 장롱 속 구석에서 낡은 가제수건을 꺼내 놓는다. 그 수건은 아들이 신혼시절 잠시 함께 지낼 때 젖먹이 손자의 침방울을 닦아내던 가제수건이었다.

　회상하면 15년 전, 손자의 태어남과 성장 과정에서 환희의 신비로운 일상이 꿈같은 추억이었다. 갓난애는 매일매일 새로운 짓으로 할아버지에게 행복을 선물하는데, 심지어 배변하는 모습도 귀여웠다. 인형의 옷처럼 배냇저고리 차림이 앙증맞고 싱글벙글 미소 짓는 모습은 천사의 표정이다. 자기도 사람이라고 칭얼대면 어김없이 기저귀가 젖어 있고, 태어난 후 5개월 무렵 뒤집기를 시도하는 장면은 가족에게 새로운 호기심을 자아내게 한다. 추억이 묻어나는 가제수건은 새벽 꽃잎에 맺힌 영롱한 이슬처럼, 행복한 사연을 머금고 손자와 교감하던 시간과 공간의 추억이 생각나는 손수건이다.

내가 어린 시절에 지렁이 기어 나오듯 누런 콧물이 흘러내릴 때 어머니께서 엄지와 검지로 코를 감싸고 "휑" 하는 구령에 따라 코를 풀면 어머니는 손에 묻은 콧물을 땅바닥에 뿌린 후 다시 농사일에 몰두하셨다. 이렇게 농촌에서 손수건을 소지하는 행위는 사치이며 불편한 형식임을 체험하기도 했다. 농가農家 사정은 올망졸망 일곱 명의 아들들 육아 노동과 때를 놓칠 수 없는 농사일로 바쁜 어머니의 수고하는 시간에 아들에게 손수건 챙겨 줄 만큼 한가롭지 못하므로 되는 대로 편리함에 익숙한 세월이었나 싶다.

총각 시절이다. 청년이 지방 도시에서 하숙생으로 직장 생활 중에 연애하던 시기였다. 그녀의 어머니를 뵙고 따님과 결혼 허락을 청하였더니 어설픈 총각의 등장에 당황해하시며 딸을 떠나보내야 할 아쉬움인지 사랑과 정성으로 키우며 겪은 희로애락을 소설 쓰듯 이야기하시며 눈물을 흘리시는데 나도 모르게 주머니에서 손수건을 꺼내드리는 어리석은 짓을 하고야 말았다. 그 수건은 아침에 출근하며 들고 나와 종일 사용하였기에 청결하지 못할 텐데 느닷없이 꺼내드렸으니 받은 손수건으로 눈물 훔치며 불결한 냄새는 풍기지 않았는지 난처했던 심사心思였다. 결혼하고 나서 장모님께 뇌리에서 지워지지 않는 그때의 손수건 사건에 대하여 불쾌하지 않았는지 여쭙고 싶었지만, 차일피일 세월만 지나버렸다.

사실 장모님은 인정人情만큼이나 눈물이 많은 분이다. 기쁠 때나, 슬플 때나, 좋은 일로 웃는 모습에도 눈물이 글썽이면 천장에 매달린 30촉 전등에 반사하여 찰나의 빛은 영락없이 은하수 벌판에서 반짝이는 별빛이다. 그 후 바람에 떠가는 구름처럼 직장 따라 객지로 떠도느라 처가妻家와 멀리 지내야 했지만 타향천리 멀리서 살가운 분의 사위 사랑에 목말랐던 아쉬움만 쌓이더니, 설상가상雪上加霜 산유화 만발한 상춘 계절에 자식들과 영영 이별이란 슬픔을 겪고 나니 장모님을 향한 그리움이 간절하다. 장모님이 떠나신 지 수십 년이 지나도록 핑계만 대고 변변한 성묘도 못 하였는데 라일락 향기 진동하는 계절에는 잠드신 청산을 찾아가 생전 사랑 넘치던 추억을 회상하련다. 장모님이 그리워서 눈물 나면 손수건을 꺼내 닦고 포근한 햇살에 눈부시면 펼쳐 하늘을 가리며 신혼 시절의 신기루를 찾아보고 싶으니 말이다.

희망 교향곡 (2024. 04)

　4월의 어느 날 그리움에 목마른 사내아이가 사색의 늪을 헤치고 나와 화사한 꽃의 향연에 초대받았으니, 청산에서 꾀꼬리 노래하고 아지랑이 속 신기루 잦아 소녀의 꿈이 부풀어 희망의 상춘이다. 지난겨울 삭풍에 잎을 빼앗겨 막 가지로 엄동설한을 견디던 나무마다 새순이 돋아나는 계절에 구름 타고 온 천사들이 콘서트 열리고 우주의 축제인 양 신기루 속의 희열을 체험하며 자연을 포옹하련다. 공원에서 들리는 새들의 봄 찬가는 희망의 속삭임이다. 어느새 곱게 단장한 철쭉꽃 군락지는 옥색 치마 색동저고리 차려입은 봄 처녀가 아지랑이 앞세우고 자연을 단장하는 모습이 아름다워 인생 70을 넘긴 자도 꽃의 축제를 외면할 수 없다. 그런데도 나비는 느림보일까? 꽃소식을 모르는지 나타나지 않는다. 오솔길 옆 우아한 개나리꽃은 어미 닭 따라서 봄나들이 나온 병아리들처럼 곱고 공원 가운데 실버들 가지 늘어트린 나무는 방금 머리 감고 빗질하는 소녀의 모습처럼 청순하다. 철 따라 변화무쌍한 자연의 신비를 감상하며 삼라만상을 공유하는 재미가 쏠쏠할 뿐만 아니라 새하얀 목련꽃은 농사꾼 어머니 머리에 인 광주리에 가득 담긴 목화솜처럼 소담스럽다.

  어릴 적 어머니께서 경작하는 목화밭에 따라가서 나무에 열린 다래를 따주면 성장의 자양분을 받아먹으며 행복하던 시절도 생각한다. 어머니는 수확한 목화송이를 솜틀에 타서 따뜻한 핫바지 저고리를 만들어 자식에게 입히는데 눈밭에서 굴러도 추운 줄 모르며 겨울을 보낼 수 있었지만, 양복 입고 뽐내던 친구들의 놀림 때문에 핫바지 말고 양복 사달라고 떼쓰던 철부지 마음이 후회된다. 또 밤이면 한방에서 형제들이 솜이불을 서로 덮으려고 잡아당기며 싸우던 시절도 지금은 소중한 추억이다. 어머니는 흙에서 사신 여인이다. 아들 칠형제를 낳으시고 여필종부하며 자식들 굶주리지 않도록 일하신 강인한 어른으로서 철 따라 자식들 먹이며 입히느라 당신은 음식 드시는 장면은 기억나지 않는다. 그래서 어머니는 안 먹어도 배고프지 않은 어른으로 인식하였지만 내가 자식을 기르고 손자 손녀를 돌보면서 어머니의 새끼들을 향한 희생정신을 이제야 이해할 수 있는 불효자였기에 반성한다. 색다른 물건이나 맛있는 음식을 접할 때 소유하기 아까운 마음은 손자 손녀에게 먼저 주고 좋아하는 모습을 바라보는 심사가 행복이기 때문이다.

방전시대 放電時代 (2024. 12)

　불현듯 7년 전 크리스마스 시즌에 뉴질랜드로 여행을 갔을 때의 사건이 떠오른다. 아들이 그곳에 살던 무렵인데 손자 손녀도 만날 겸 청정의 아름다운 섬나라에서 휴양을 즐기며 찬란한 추억을 생산하려는 바람이었나 싶다. 크라이스트처치란 도시는 곳곳의 공원마다 하늘을 가린 나무들이 우람하고 잔잔한 연못에 오리들의 평화로운 물놀이하는 모습이 보기 좋고, 바다가 지척이라 금방 해수욕을 즐길 수 있는 지상낙원이다. 그곳의 계절은 우리나라와 반대로 꽃 피고 나무마다 연록의 숲이 무성한 여름인데 다섯 살짜리 손녀가 마당 앞 작은 텃밭에 데려오더니 아직 풀로 보이는 초록 싹을 가리키며 자기가 심은 옥수수나무라고 자랑한다.

　어느 날은 손자와 씨름을 했다. 요놈의 사기를 북돋우려고 져 주고 싶었다. 밭다리를 걸고 용을 쓰는 척하다가 손자의 어설픈(?) 되치기에 걸려 넘어지는 할아버지 패배자의 표정은 즐겁기에 한량없다. 승자로서 의기양양해하는 손자의 모습이 보기에 재미있었던 그것은 할아버지의 속임수를 눈치채지 못한 손자를 통해 희열을 체험하기 때문이었다.

그 시절 손자, 손녀와 함께 보내던 세월이 행복한 추억이었나 싶다. 요놈들은 내가 들려주는 옛날이야기를 무척 즐겨 들었다. 가방끈이 짧아 한 이야기를 또 하고 또 들려줘도, 이야기의 줄거리를 외울 정도인데도 또 이야기하라고 조르면 나의 소년 시절에 안데르센의 동화집이나 고전 이야기를 많이 알아두지 못한 게으름이 후회스러웠다. 기껏 장화홍련전, 심청전, 콩쥐팥쥐전, 백설 공주, 은혜 갚은 까치 이야기 등등 황당무계한 이야기임에도 손주는 흥미진진하다. 밑천이 떨어져 더는 이야기가 없다고 하니 휴대전화 충전기를 들고 와 빨리 충전하여 이야기를 다시 하란다. 손주는 나의 사고력으로 흥미진진한 사연들이 거미 똥구멍에서 거미줄 나오듯 줄줄이 빠져나오리라 기대했는데 할아버지의 무지無智가 안타까운 손자의 마음은 급기야 휴대폰 충전기로 할아버지의 이야기보따리 기능을 회복하려는 발상發想이 재미있다.

팔십을 넘겨 살아보니 오장육부뿐만 아니라 육신을 지탱하는 세포도 생성보다 소멸이 거듭돼 눈이 어둡고 귀도 안 들리며 걸음걸이도 기저귀 찬 어린애처럼 느림보 신세가 된다. 방전되어 잠들은 진공청소기도 충전하면 웽웽 돌고, 먹통인 스마트폰을 충전하여 세계 각국과 소통하는 시대에 동작 중단된

리모컨도 배터리를 교환하면 TV의 선명한 화면이 재생하는데, 인체의 충전시대는 요원하여 애간장을 태운다. 어제 사라진 태양은 오늘 다시 뜨고 가을에 떨어진 나뭇잎도 봄이 오면 새순이 나오는데, 또 묵은 간장은 귀히 쓰이는데 인간의 구조는 경험도, 경륜도 쓸데없는 허세일 뿐 죽어가는 세포를 회생할 수 없다.

흙길의 정情 (1975. 04)

　소년의 집은 오솔길을 따라 깊은 골짜기 오두막이다. 봄이면 주변이 기화요초로 아름다운 낙원을 이루고, 다람쥐는 상수리나무 가지에서 재주를 넘는다. 동산에 꽃향기가 퍼지고, 소년은 고운 꽃을 꺾어 들고 학교로 달려간다. 그가 사는 마을은 나무가 자라고 새가 노래 부르며 꽃이 피는데, 밤하늘에 별빛이 쏟아질 듯 평화로운 낙원이다. 소년은 꽃을 꺾어 매일 아침 선생님 책상에 꽃다발을 올려놓고 행복해한다. 이는 초등학교 3학년 무렵 주일학교에서 배운 성경 말씀에 담임 선생님을 천사로 생각했기 때문이다.

　선생님은 아이들의 사고를 지배하여 꿈꾸는 듯한 로맨틱한 정서를 배양할 뿐 아니라, 무한한 지혜를 간직한 청아한 목소리로 아이들에게 꿈을 심어주고 사랑으로 칭찬하는 천사 같은 분이다. 소년은 나물 반찬에 보리밥을 물에 말아 먹으며 숲속의 나무와 친구하지만, 자연이 창조하는 소박한 정서를 살찌우고 학교에 달려가면 우아한 자태의 선생님을 사모하며 보낸

3년의 세월은 짧은 순간이었다.

　졸업생이 되어 슬피 우는 사연은 후배들의 졸업 축하 노래 때문만은 아니다. 이제 소년이 학교를 떠나면 선생님께 꽃다발을 바칠 학생을 찾을 수 없다는 생각이 그를 슬프게 한다. 3년 동안 사모하던 선생님과 헤어진다는 사실은 그가 고독의 늪으로 빠져드는 이유이다.

　그 후 빨간 석류꽃이 떨어지는 성하의 계절에, 몽땅하고 못생긴 열매가 태양열을 자양분으로 영글어가는 시기에, 남녀공학의 중학교에서 부끄럼이 많은 소년은 제복으로 숨긴 여학생의 신비를 알 수 없었다. 석류 열매의 성장 과정을 보면서 사색의 샘에서 용수처럼 그리운 생각에 젖는 사춘기를 경험한다. 군용 트럭을 개조한 버스가 먼지를 일으키며 비포장도로를 달릴 때, 소년은 고무풍선처럼 부푸는 꿈을 꾸며 도회지로 향한다. 창천을 비상하는 종달새와 못자리에 숨어 개구리의 노랫소리가 자연의 하모니를 이룬다.

　J역 철로변에 서서 처음 기차를 볼 때, 고향 서산에서 송충이를 잡던 어린 시절이 떠오른다. 아이들이 뒷산에 올라가 소나무 아래 기어가는 송충이를 잡아 집 마당에서 노는 닭에게 던져주면, 닭이 맛있게 먹던 모습도 생각난다.
　기적 소리 요란하게 J역을 출발하는 기차는 송충이가 아닌

거대한 괴물이 되어 힘차게 북으로 달린다. 객차 자석에 앉아 처음 썼던 시를 암송해본다.

    골짜기에 낙엽이 쌓인다.
    이끼 낀 바위에도, 오솔길에도
    산짐승의 보금자리에도
    낙엽이 쌓인다.
    낙엽아, 너 생명 있는지
    바람에 구르며 퇴색하는 가랑잎아.

서울역에 도착하여 아름다운 야경을 구경할 수 있었다. 찬란한 네온 불빛이 하늘의 별들을 잠들게 하고, 두메산골에서 살던 청년은 처음 경험하는 혼란스러운 도시의 야경에 정신이 없다. 까만 아스팔트길은 적막할 뿐이다.

감나무의 추억 (1979. 08)

    고향집 뜰에는 감나무가 한 그루 있었다. 봄에는 감나무 밑에서 하얀 감꽃을 주워 실에 꿰어 목걸이를 만들고, 여름에는 신록이 우거진 나무에 매미를 불러 찬가를 시키며 멍석에 누워 낮잠 자던 동심이 생각난다. 가을이 오면 어른 주먹처럼 큰 단감을 따서 먹던 추억이 그립다. 6·25 사변 직후 마을마다 큰 흉년이 들어 굶주리는 사람들은 가축이 먹는 보리겨를 훔치고 초근목피로 연명하는 시절이었다. 그때 우리 집 식구들의 배고픔을 달래준 일용한 양식은 천도 같은 단감 덕이었다.

    지난여름 휴가 때 고향을 찾을 수 있었다. 손바닥처럼 넓은 단감나무 밑에서 다디단 수박을 쪼개 먹으며 매미의 노래를 경청하고 싶었다. 하늘에 별이 초롱초롱 빛나는 여름밤, 마른 풀에 모깃불을 피우고 화단에서 우는 여치 소리를 들으며 사랑하는 아들에게 아빠의 고향을 자랑하고 싶었다. 그런데 감나무는 늙어 고목으로 변하여 나를 포옹할 신록은 없고, 연륜만 남긴 채 장작이 되었으니, 자식에게 들려주던 고향의 감나무는 옛날이야기로 들릴까 봐 상심이 된다.

아이들이 성장하면 그들도 자기의 고향을 생각할지 모르겠다. 자식들의 고향은 아빠가 처음 내 집을 짓고 뛰어놀 마당이 있는 작은 도시이다. 언젠가 그곳에 내가 지은 집을 보러 갔다가, 사는 주인의 의심만 받고 돌아왔지만, 아이들의 고향이기에 기억에서 지울 수 없다.

1978년 4월, 조용한 지방 도시에서 전출 명령을 받아 서울로 이사하면서 느낀 허전한 심정은 아이들이 태어나고 자라던 도시이기 때문이리라. 그 지방 도시에서 4년 반 동안 셋방 생활을 청산하고 언덕 위에 작은 집을 지어 살았다. 수돗물이 나오지 않는 고지대이기에 남자들은 물 긷는 일이 아침 운동이었고, 화단에 나무 심는 재미가 여자들의 즐거움이었다. 동네 사람들이 직장 동료였기에 "한전 촌"이라고 소문이 났다.

동네를 떠나는 날, 여섯 살짜리 딸의 친구가 연필을 선물하며 고사리손을 흔들어 주니, 진한 감정을 느낀다. 딸의 필통에서 그 연필이 사라진 지 한참 되었으나, 지금도 딸은 친구들과 소꿉놀이하던 그곳을 이야기한다.

사두봉蛇頭峰 전설傳說 (1988. 04)

    전라북도 서남단에 고창군 무장면이 자리하고 있다. 겨울이면 무릎이 빠질 정도로 눈이 많이 내리는 고을을 우리는 설향雪鄕이라 말한다.
    이조시대에는 현감이 집무하던 고을로서, 중앙에 '진무루鎭茂樓'라는 현판이 보이는 누각은 닳고 닳은 문턱과 기둥, 그리고 이끼 낀 기와 형태를 보면 오랜 연륜을 짐작하게 한다. 안으로 들어서면 일본인들이 심어 놓은 벚나무가 무성하고 꽃향기 그윽한 면사무소面事務所 정원이 아름다운데, 이조 시절 현감縣監 가솔들이 기거하던 사택私宅의 흔적을 느낄 수 있다.

    초등학교 건물로는 어울리지 않는 우람한 기둥의 기와집은 현감의 집무실이었지만, 우리는 그 건물을 '동헌 교실東軒敎室'이라 부르며 공부하였다. 운동장 동쪽으로 수백 년의 세월과 함께 존재하는 느티나무 가지의 산새들이 사두봉蛇頭峰 전설傳說을 속삭이듯 들려준다.

느티나무 군락지는 원래 뱀의 머리 모양을 한 산봉우리였으며, 그 아래로 맑고 잔잔한 호수에서는 물고기가 한가롭게 놀고 연꽃이 아름답게 피어 있던 평화로운 무장현이었다. 고을 입구에는 '하마등下馬登'이라는 고개가 있어, 말을 탄 자는 내려야 한다. '천하대장군天下大將軍'과 '지하여장군地下女將軍'이라는 장승이 우뚝 서 있어 고풍스러운 고을의 품위를 느끼게 한다.

태평성대의 고을에 꽃이 피고 지며, 산새들은 노래하고 강아지는 뛰노는 아름다운 산하山河가 바로 복낙원福樂園이다. 농부는 밭을 갈고, 철인은 사색하며, 서당에서는 아이들이 글 읽는 소리가 들리는 태평성대의 고을에는 인정이 넘쳤다.

그러던 어느 날, 장터에서 느닷없이 살인 사건이 발생하여 마을은 나락의 구렁텅이로 빠졌다. 지난 장날에는 푸줏간에서 싸움으로 사람이 죽었고, 이번에는 대장간에서 살생 사고가 발생하였으니, 고을은 유령의 공간으로 변하고 현감은 근심으로 병들어 누워 죽을 지경에 이르렀다.

불길한 고을에 한 스님이 나타나 현감에게 "이 고을을 멸망에서 구할 비법은 사두봉을 헐어버리는 것입니다."라고 주장했다. 사두봉 때문에 호수의 용이 승천하지 못한 이무기가 원한으로 심술을 부려 살기殺氣를 내뿜고 있으니, 빨리 봉우리를 헐어 호수를 메우면 평화로운 고을로 거듭날 것이라는 스님의 설명을 들은 현감은 병석에서 일어나 백성들과 함께 사두봉을 헐어 호수를 메워 버렸다.

　사두봉이 헐리니, 탁 트인 동녘의 일출日出을 보며 백성들은 '이제야 평화를 찾은 고을인가?' 하고 생각했다. 그러나 폭풍이 휘몰아치던 어느 날, 또다시 살인 사고가 발생하였으니, 현감은 고통과 괴로움을 견딜 수 없었다. 요망妖妄한 중의 간계에 빠져 이 고장의 상징인 사두봉을 없애는 죄를 지었기에 산신령이 심술을 부린다는 생각이 들었다. 참회와 번뇌로 죽고 싶은 심정이었을 때, 그 스님이 다시 찾아왔다. 현감은 노발대발怒發大發하여 스님을 잡아 문초하니, 스님은 태연하게 나무 씨앗 몇 알을 내밀며 말했다.
　"사두봉을 헌 자리에 이 씨앗을 뿌리십시오. 싹이 터 나무가 자라서 예전 사두봉 높이만큼 크면 무장현은 다시 발전할 것입니다."

　그러나 현감은 스님을 신뢰할 수 없었다. 화를 내며 처음 산을 헐도록 권고할 때 씨앗을 뿌려야 한다는 설명은 왜 하지 않았느냐고 따졌고, 당장 잡아 가두겠다고 호통쳤다. 그러나 스님은 태연한 채 말하였다.
　"만일 산을 헌 곳에 새싹이 돋아나 나무가 자라야만 이 고을에 평화와 번영이 찾아온다고 미리 알려드렸다면, 현감께서는 사두봉을 헐지 못하셨을 것입니다. 나무가 사두봉 높이만큼 자라려면 수백 년의 세월이 흘러야 할 터인데, 자기 세대에 성취할 수 없는 미지의 사업인 줄 안다면 작업을 추진하지 않았을 테니 말입니다."

 현감은 스님의 이유 있는 설득을 받아들이기로 하고 씨앗을 뿌려 자라는 나무를 가꾸었다. 그 후 유수 같은 세월이 흘러 현감이 죽고, 그의 아들이 죽고, 손자가 죽고, 증손자가 죽고, 고손자가 죽었다. 계절은 수없이 바뀌고, 느티나무는 쉬지 않고 자라서 가지는 하늘 높이 뻗었지만, 무장현의 존재는 아직 변함이 없다.
 사두봉이 헐린 후 메워진 작은 방죽에는 수초가 무성하여 왕잠자리를 잡느라 분주한 아이들의 소망은 "느티나무가 빨리 사두봉 높이만큼 자라기를 바라는 것"이었다. 그런데 느티나무 가지에서 한가롭게 지저귀는 새들은 무장이라는 고을의 미래를 알고 있는 것일까?

상실한 계절 (1990. 05)

　겨울 동안 들쥐들의 운동장이던 잔디밭에 보송보송 솜털 같은 새싹이 하늘보다 파랗게 돋아난 봄날이다. 담장 아래 쓸쓸히 꽂혀 있던 막가지에 튼 움과 활짝 핀 개나리를 보니 어릴 적 초가집 양지바른 곳에 모여 노는 병아리를 보는 듯 동심에 젖는다.

　봄비 오는 날 빗소리를 좋아하는 뜻은 가물어 메마른 땅에 내리는 단비이기 때문도 아니고, 비 갠 후 하늘의 무지개가 아름다워서도 아니다. 어머니의 마른 젖 대신 미음으로 주린 배를 채우며 형님의 등에 업혀 울다 잠이 들 때의 소나기 소리가 자연의 자장가로 간직되어 있기에 지금도 비가 내리는 날이면 노인이 된 형님의 좁은 등을 생각하게 된다.

　예전에 '철모른다'는 말은 어린이를 일컫는 말이었는데, 문명의 발달에 부응한 지금은 철없는 사물도 많아진 듯하다. 아파트의 철쭉은 2월에 꽃이 피고, 한겨울에도 싱싱한 야채가 식탁에 오르며, 5월에 나오는 딸기도 3월에 먹고, 참외나 수박도 7월에 익는 철인데 5월에 출하되니 계절을 상실한 문명인의 공허한 마음에서 낭만도 잃어버린다. 참외는 한여름에 익어야만 맛이 나는데 비닐하우스에서 철 이르게 익어 버리는 7월은 청포도만 익어야 하나 보다.

사십 년 전 여름날, 소년은 남의 밭에서 덜 익은 참외를 몰래 따먹다 들켜 "남의 것을 훔친 놈은 감옥에 가둬 벌을 주어야 한다."라는 아버지의 무서운 꾸지람을 듣고 어찌나 혼이 났던지, 그 후 성장하는 동안 어린 시절 자랑거리인 '참외 서리'나 '수박 서리' 한번 못 한 궁색한 추억을 가진 어른이 되었다.

어릴 적 고향의 참외는 종류도 다양해 개구리참외, 나이롱참외, 수박참외, 호박참외 등 특색이 있었다. 개구리참외는 개구리를 닮았고, 나이롱참외는 당시 나이롱 옷감이 유행하던 때라 속살이 살짝 보이는 나이롱 셔츠를 입는 것을 선망하였으며, 명절 때 무명 양말보다 나이롱 양말을 신는 것이 소망이었으니 멋쟁이 참외였다. 호박참외는 껍질이 두껍고 호박처럼 커서 농부의 참거리로 먹었으며, 그 당시 최고는 오리알보다 약간 크고 노란색의 '김막하'라는 참외인데, 설탕처럼 달고 맛이 기막히다는 뜻에서 붙여진 이름이었다. 지금은 비닐하우스의 과일과 멜론, 자몽 같은 수입 과일에 밀려 향수 어린 과일은 사라지는 듯하다.

우리네 산천은 사계절이 대자연의 오묘함을 과시하고, 인간은 정서를 먹는다. 봄이 오면 감나무에 감꽃이 피고, 여름에는 넓은 나뭇잎이 여린 열매에 태양빛을 가려 주고, 가을에는 가지에 매달린 홍시를 따 먹으며, 겨울이 오면 앙상한 나무가 삭풍에 시달려도 봄이 온다는 희망이 있기에 눈송이를 포용하며 눈꽃을 피운다.

이제 불혹을 훨씬 넘긴 가장으로서 돌이켜 볼 때, 가정이 한 그루의 유실수라면 부모는 나뭇가지요, 아이들은 열매라 하겠다. 열매가 충실히 익어 필요한 존재가 되도록 철따라 시간 따라 가지는 자양분을 생산·공급하고, 병들지 않게 따뜻한 햇볕도 쬐고 적당한 바람도 받아야 한다. 소년이 된 자식의 사춘기적 반항도 애정으로 보살펴 지옥 같은 입시의 터널을 무사히 빠져나오게 하는 일은 부모의 한결같은 바람일 것이다.

나의 살던 고향 (1991. 10)

　고향이 생각나면 아이들에게 아빠가 자라던 두메산골을 자랑하고 낭만스럽던 소년기를 들려주지만, 아이들은 아빠의 고향 이야기에는 흥미가 없는 것 같다.
　벚나무가 무성한 동산에서 매미도 잡고, 나무에 올라가 버찌도 따 먹으며 놀던 곳이 부모님과 함께 살던 고향이기에 부모님 생각과 함께 추억으로 남아 있다. 이제 부모님은 그곳 시골의 푸른 동산에서 영면하셨으니, 자주 가보지 못하는 고향을 그리워하는 마음으로 글을 쓰게 된다.

　어릴 적 살던 고향 산천이 높은 줄은 그 당시엔 몰랐다. 군용 트럭을 개조한 낡은 버스에 매달려 달리다 넘어지면 무릎이 깨지고, 숙제를 못 해 가면 호랑이 선생님의 회초리가 눈물 나게 아팠다. 토담을 타고 뻗은 호박 넝쿨이 초가집 지붕에 꽃을 피우고, 애호박이 자라서 노랗게 익는 시골 풍경만 보아왔던 시골 소년이 도회지에서 전학 온 우체국장 딸의 검정 운동화가 욕심나고, 조합장 아들의 자주색 책가방이 갖고 싶어 도시를 동경하기도 했다.

　날이 가물어 어른들이 메마른 논에 방죽물을 퍼내어 모를 심을 때도 소년은 실개천에서 송사리를 잡고, 물 빠진 방죽을 덤벙덤벙 다니며 작살로 뱀장어를 잡는 형들의 묘기에 신이 나기도 했다. 벼가 익는 초가을 논에서 새를 쫓다가 메뚜기를 잡아 풀줄기에 구슬 꿰듯 줄줄이 매달고 집에 와 기름과 소금에 볶아 먹던 시절도 생각난다.

　고향은 부모님 슬하에서 자라던 시골이어야만 그리운 곳이다. 엄동설한에 눈 맞으며 뛰노는 개구쟁이 아들에게 버선을 신기고 솜바지를 입혀 춥지 않게 보살펴 주시던 어머니의 애정을 못 잊어, 신작로를 달려가 내가 살던 마을도 찾아보고 부모님이 잠드신 선산에 올라가 잔디에 앉아 그 옛날을 회상해 보고 싶다.

　아버지께서 사 주신 양말이 버선보다 신식이라 좋다고 자주 신으니 쉬이 해어지고, 해어지면 무명베 조각을 보트 모양으로 재단하여 바닥에 대고, 뒤꿈치는 촉 떨어진 전구를 신겨 꿰매주시면 또다시 멋진 양말을 신게 된다.

　고향이 없는 도시인은 네온사인 눈부신 빌딩 지하에서 시끄러운 밴드 소리와 유행가를 듣지만, 고향을 가진 사람은 초가삼간에 누워 서산에서 들려오는 새들의 노래를 듣는 정서가 있다. 전쟁 후 흉년에는 말개떡, 쌀겨죽을 밥 먹듯이 먹고, 어려울 때 보리밥을 맛있게 먹고 살던 기억을 간직한 사람들은 꽁보리밥집을 찾아가 마치 고생스럽던 군대 생활을 상기하듯 향수 어린 보리밥을 맛있게 먹는다.

고향의 산에는 유실수도 자란다. 어른들이 선산에 밤나무, 대추나무, 감나무를 심어놓고 아이들이 성묘하며 과실을 줍는 즐거움을 간직하기에 조상을 경배하는 미덕을 가르친다.

나의 살던 고향
꽃 피고 새 우는 산천
두메산골은 영원한 사랑이라.

봄의 찬미 (1995. 04)

　작년 여름, 후배로부터 춘란을 얻어와 아파트에 놓고 감상하다가 가을이 가고 겨울 동안 관심 밖에 두었는데, 아침에 아내가 난초 꽃봉오리가 맺혔다고 알려주어 베란다에 나가 보니, 연약한 풀잎 사이로 완두콩만 한 꽃봉오리를 발견했다. 봄이 오는 소리가 들리는가 보다.
　어린 시절 고향집에서 아버지가 가꿔 놓은 꽃밭의 동백나무에 꽃이 필 때면, 화단 구석에 있는 난초의 여린 잎에서 향기가 퍼지고 마당을 다니는 병아리 떼가 시끄럽게 울던 봄날이었는데….

　소년기를 보내며 고독이란 병에 걸리는 사춘기에 그리운 생각으로 잠 못 이루는 밤이면, 삼십 촉 전등이 벌겋게 달아오르도록 낙서하던 시절 소학교 학예회에서 무용하던 아름다운 선생님이나 예배당에서 발풍금 치며 찬송하던 천사 같은 주일학교 교사가 생각나는 겨울날의 긴긴밤이 멀어질 때, 섣달그믐께 천진난만한 어린이는 장독대 위에 쌓이는 함박눈을 서설瑞雪이라 반기듯이 승용차에 수북이 쌓인 하얀 눈을 한주먹 움켜쥐고 유리그릇에 담아 팥빙수를 만들어 먹고 싶도록 깨끗하던 눈이 녹고 나니 자동차는 더러운 물질로 얼룩진다. 도회지의 오염된 겨울 공기를 마시는 우리는 차라리 꽃이 피는 봄이 기다려진다.

    실개천
    명경 같은 얼음 아래
    흐르는 물의 촉감은 사금파리에 벤 듯 시리고
    송사리 숨어 사는 구석에 맥없이 서 있는 버들막 가지에는
    총각 얼굴의 여드름처럼
    토실토실 새 움이 트는데,
    잔설로 촉촉한
    화단에는
    어린이 손가락 모양
    새싹이 솟아나는 날,
    언덕 너머 아지랑이가 보이는 눈에
    졸음이 엄습하는 봄이 온다.

겨울 동안 쓸쓸한 가로수에 물이 오르고, 종달새가 창천에서 노래하는 소리가 희망의 찬가로 들려오는 봄은 소망의 계절이다. 만나는 사람마다 미소가 가득할 때, 봄은 창조의 계절

이며 소망의 순간이다.

그래서 겨울날의 삭막함과 추위로 활동이 어려운 1월은 묵은해의 섣달이란 감정을 가지게 하며, 삼라만상이 생동하는 봄을 희망의 정월이라 고집하는 것은 바지와 저고리가 익숙하던 옛날을 떠올리며, 검은 머리가 백발이 되고 얼굴에 주름살이 많아지는, 지천명知天命을 보내는 구세대이기 때문일까?

음력 설날, 새 옷을 입고 이 동네 저 마을, 이 집 저 집을 다니며 어른들께 세배를 드리고, 민속 음식인 식혜와 산자를 먹으며 덕담을 듣던 미풍양속을 잊을 수 없기에, 정월보름 안에 입춘이 찾아오는 음력의 정월을 한 해의 시작으로 정하고 싶다.

봄에는
산야에 꽃이 피고,
농부는 파종을 하며,
철학자는 사색을 하고,
나는 글을 쓰련다.

100m 경주 (1998. 07)

　1953년, 내가 초등학교 5학년 때의 이야기다. 6·25 사변 후 산야는 황폐했고, 소년들은 보리개떡 조각으로 배고픔을 달래며 뛰놀던 천진난만한 아이들이었다. 초등학교 교실 옆 공터에서 여자아이 서넛이 고무공을 땅바닥에 튕겨 치마폭에 받아 넣는 놀이를 하고 있었다. 그 공은 2차 세계대전 초기에 일본군이 점령한 필리핀의 어느 섬에서 승전을 기념하며 가져온 고무로 만들어졌고, 식민지였던 우리나라 아이들에게도 나누어 준 것이었다. 그러나 바람도 빠지고 품질도 좋지 않아 땅바닥에 튕길 때 불규칙하게 바운드되어 치마폭 밖으로 굴러 떨어지곤 했다. 나는 무심코 "어머! 애 낳네."라고 말했는데, 느닷없이 놀이를 중단한 소녀가 눈물을 뚝뚝 흘리며 나를 꼬집고 때리면서 덤벼들었다. 나는 배추밭에 똥 싼 강아지처럼 허둥지둥 도망쳤지만, 그녀가 울며 덤비는 이유를 알 수 없었다.

　얼마 전 공기놀이를 하면서 공깃돌을 떨어뜨릴 때 "알 낳네."라고 하며 다 함께 깔깔거리던 그 아이가 오늘은 왜 화를 내는지 이해할 수 없었다. 그 후 초등학교를 졸업하고 남녀공학 중학교에 진학하여 함께 공부하는 동안, 나는 그 아이에게 품었던 감정을 쉽게 지울 수 없었다.

중학교에서 생물 공부를 하게 되었는데, 선생님께서 '성性 교육'을 한다고 말씀하시자 나는 이를 '성씨姓氏 교육'으로 잘못 이해하고, 양반 가문(?)인 내 성씨에 대해 어떤 말씀을 하실지 기대하며 기다렸다. 그런데 선생님은 갑자기 난해한 성교육 이야기를 하셨다.
"육상 시합이 있었다. 수억 마리의 정자가 출발선에서 심판의 신호에 따라 100m 경주를 시작하게 되었는데, 종착점에서 기다리던 난자가 1등으로 골인하는 정자를 반갑게 맞이하며, 준비한 타월로 감싸 안을 때 아이가 생긴단다."

선생님의 말씀을 듣고 나는 고개를 갸웃했다. 우리 반에는 성性이 다른 '정자'라는 이름을 가진 여자아이 네 명이 있었는데, 그 애들은 하나같이 엉덩이가 커서 달리기를 하면 늘 꼴찌였다. 그렇다면 '자子'자 돌림의 여자들만 육상 선수가 되어야 한다는 것인가? 성교육도 영어 공부만큼이나 어려운 학문이라는 생각이 들었다.

어느덧 고등학생이 되고, 사춘기를 경험하게 되었다.
이성에 대한 신비함, 그리움, 그리고 안타까움에 잠 못 이루던 시절, 멋을 낸다고 맘모 바지를 입고 염색한 군화에 징을 박아 말굽 소리를 내며 걷다가 신당동 골목에서 초등학교 동창이었던 그 여학생을 발견했다. 어릴 적 "어머! 애 낳네."라고 말했다가 혼이 난 사건이 떠올라 황급히 피하려 했으나, 군화에 박힌 징 소리 때문에 들키고 말았다. 부끄러운 마음에 모른 척 지나가 버렸지만, 세월이 지나 동창회에서 할머니가 된 그녀를 다시 만나 반갑게 인사를 나눴다.

 딸을 시집보낸 나, 손자의 재롱을 보느라 생활이 즐겁다는 동창생인 그녀나, 이제는 부끄러움 없이 추억을 이야기하며 즐거운 시간을 보낼 수 있었다. 그리고 어린 시절 "어머! 애 낳네."라고 말했다고 울고불고 덤벼들던 그녀를 이제는 이해한다고 말할 수 있었다.

행복의 조건 (2001. 07)

며칠 전, 어느 지방의 장터에서 순진무구한 소녀를 만날 수 있었다. 초등학교 1~2학년생으로 보이는 아이가 새로 산 신발을 들고 가게를 나오며 행복해하는 모습을 보면서, 마치 타임머신을 타고 70여 년 전 소년의 자화상을 보는 듯한 심정이 들었다. 명품도 아닌 시골 시장의 하찮은 신발을 소중히 여기는 아이의 마음은 순박하고, 그 눈동자는 깊은 산속 옹달샘 물처럼 맑아 보였다.

"마음이 가난한 자는 복이 있나니 천국이 저희 것이요."

성서 말씀처럼, 소녀는 천사의 마음을 가졌나 보다.

필자의 어린 시절, 궁핍한 농촌에서 보잘것없는 사물을 대하며 가진 것 없는 아이들의 일상은 무미건조했다. 6·25 사변 후, 고무신을 살 형편이 되지 않는 친구들은 맨발로 학교에 다녔다. 형편이 조금 나은 우리는 아버지께서 멋진 운동화(지금은 생산되지 않는 조잡한 신발)를 사 주시면 어찌나 기쁘고 좋은지, 새 신발이 닳을까 봐 오랫동안 신지 않고 들고 다니던 기억이 새롭다.

　아버지는 당신의 아들에게 무엇을 주실 때 항상 특별한 날을 정하여 사 주셨다. 바지가 낡아 찢어져 속살이 보여도 학교 학예회 날까지 기다렸다가 사 주셨고, 발가락이 구멍으로 나와 보이는 신발도 운동회 날 새 운동화로 바꿔 신겨 주시며 1등을 하게 하셨다. 또한, 생일을 기억해 두셨다가 다디단 엿이나 과자를 사 주시곤 했다.

　1950년대, 외국에서 구호물자를 받던 무렵 크리스마스 즈음이면 교실 바닥에 출처를 알 수 없는 외국 아이들이 갖고 놀던 구호품 보따리가 풀어졌다. 선생님의 지시에 따라 나누어 가지던 그 순간은 가난했던 우리에게 신비스러운 장난감 선물로 기억된다.

　그 시절 아이들이 설이나 추석을 손꼽아 기다렸던 이유는 명절에 부모와 조상님께 예를 갖추고, 부모님의 인정 어린 덕담 속에서 가족애를 느낄 수 있었기 때문이다. 부모님이 사 주시는 새 양복과 새 양말을 소유하는 행복을 느낄 뿐만 아니라, 명절에는 떡과 고기 등 맛있는 음식을 배부르게 먹을 수 있기 때문이었다.

　하지만 요즘 아이들에게는 민속 명절이 더 이상 중요하지 않다. 성장 과정에서 부족함을 겪고 소중함을 알아야 희로애락을 경험할 수 있지만, 무미건조한 환경에서는 추억도 어설프다. 정서는 아름다운 추억을 간직하는 데서 비롯되는데, 허기진 배고픔을 체험하지 않았기에 음식의 고마움을 모르고, 가진 자는 소유의 행복을 깨닫기 어려운 법이다.

 필자는 요즘도 새 구두를 사면 바로 신지 않고, 특별한 날을 정해 신으려는 버릇을 고치지 못한다. 새 양복을 구입한 후 친구 집 혼사에 입으려다가 그날 비가 내리면 헌 양복을 다시 걸치고 나가니, 새 양복은 철을 넘겨 다음 해가 되어서야 겨우 입어 본다.
 생일이나 명절 같은 기념일을 정해 의미를 두려는 습관이 '미풍양속'이라는 나의 고정관념과, 이를 '구태의연'이라고 핀잔하는 아내 사이에서 의견의 접점을 찾기란 쉽지 않지만, 나는 여전히 옛날이 그립다. 옛날의 소년에게 꿈이 있었고, 낭만이 있었기에 말이다.

설향雪鄉의 풍금 소리 (2003. 01)

철들던 무렵의 사건이나 소년 시절 스쳐 간 일상에서 가끔 마음속에 기억해 둔 옛 사연을 찾으며, 예리한 사금파리 조각에 살을 베듯 사춘기의 짜릿한 전율도 애잔한 추억에서 낭만이 배어난다. 한겨울 실개천 수초 아래 송사리를 잡으려다 차가운 개울물에 빠져 생쥐 꼴로 턱을 떨던 부끄러운 기억도 잔잔한 그리움이다.

사치와 풍요로움을 모르기에 욕심의 멍에는 벗어버리고 평화를 소유하며, 사색의 심연에서 황홀한 신기루를 체험하던 인생은 서슴없이 흘러가는 아련한 추억이다. 순진무구한 동심의 자잘한 사건을 활동 사진을 돌리듯, 봄에는 꽃에서, 여름에는 초원에서, 가을엔 단풍을 감상하며, 겨울이면 새하얀 눈밭의 순수한 자연 공간에서 서성이다 어느새 인생 황혼에 당도한 자아를 발견한다.

가난한 소년의 옹색한 사고력은 비 내린 후 무지개의 화려함도, 까만 밤하늘의 은하수도 보편적 순서일 뿐, 그리움의 목마름을 벗어나려는 몸부림 또한 잊을 수 없는 추억으로 남는다. 전쟁 때문에 농촌은 황폐하고 배고픔에 허기진 소년기를 보내야 했기에, 굶주린 아이들은 학교보다 먹이를 찾아 저잣거리를 방황하는 것이 일상이었다. 그럼에도 불구하고 군대 시절을 자랑하듯 궁핍하던 소년기의 오랜 옛날이 묵은지처럼 정겨움이 샘솟는다. 슬픔과 고통의 순간도, 찬란한 즐거움의 사연도 상관없이 추억의 흔적을 찾아 애정을 느끼기에 말이다.

소년 시절 고향의 작은 교회는 꿈의 요람이며, 정서가 마르지 않는 옹달샘일 뿐만 아니라 인격 형성의 사교장으로 기억된다. 사변 후 황폐한 농촌의 아이들이 심심해 찾아간 주일학교에서 성경 공부하며 친구들과 다정한 교제로 사고력은 신문화를 터득하고, 순진무구한 상상력은 희망의 꿈을 꾼다.

세계 각국에서 보내온 구호물자는 우리에게 즐거움이었다. 소년은 선물 중 지우개 달린 연필을 오래오래 아끼며 사용하였는데, 지우개 연필이 없을 땐 잘못 쓴 글자를 지우려고 손가락에 침을 발라 문지르다 공책에 구멍만 뚫어버려 어머니께 꾸중 들었지만, 연필 지우개로 살살 문지르면 틀린 글자가 감쪽같이 사라지는 오묘함을 느끼곤 했다. 구호물자에는 비스킷과 초콜릿, 사탕 등 먹을거리가 배고픈 아이들의 일용할 양식으로 배급되었는데, 먼 나라에서 오랜 세월을 거쳐 운송해 오느라 돌덩이처럼 굳어버린 생전 처음 보는 음식(분유 덩어리)을 선생님이 망치로 쪼개 나눠 주셨다. 우리는 커피를 알 수 없듯, 분말 우유는 미숫가루처럼 물에 타 마시는 요령이 없었기에 굳어버린 떡인 줄 알고 밥솥에 넣고 쪄서 보리밥알이 너덜너덜 달라붙은 분유 뭉치를 씹으며 허기진 배를 채우던 해프닝도 잊을 수 없다.

또 마을에 전통 혼례식傳統婚禮式이 있는 날, 사모관대 복장을 하고 말을 타고 장가 오는 멋진 신랑과 원삼, 족두리에 연지곤지를 찍고 분 바른 새색시의 혼례식은 흥미진진한 축제이며 풍요와 즐거움을 동반하는 공간이었다. 혼사婚事 여러 날 전부터 책임을 분담하고 바쁘게 움직이는 일가친척 여인들은 잔치 준비로 바빴다. 돼지를 잡고 떡메질하여 인절미를 만들고 파전, 고기전, 생선전을 부치고, 식혜와 수정과를 채운 독이 보이며, 동동주(약주)는 항아리에 가득했다. 아궁이에 장작불이 활활 타고, 뜨거운 안방 아랫목에는 찹쌀 반죽 납작한 조각이 방바닥에 누워 불 찜질을 받으며 마르면, 펄펄 끓는 콩기름 솥에 첨벙 빠져 부풀어 오른 뒤 물엿을 몸에 바르고 매화 같은 쌀 튀밥을 뒤집어쓰면, 산자(유과)로 태어난다.

손자며느리를 보려는 할아버지는 폐백 음식으로 쓸 대추알을 골라놓고 밤도 곱게 깎는다. 아이들은 풍성한 음식에 침을 흘리며 즐거워하고, 강아지도 덩달아 꼬리를 흔들며 좋아한다.
〈마을에 혼례가 있는 날, 가마를 타고 시집가는 새색시가 요강을 머리에 이고 앉아 있는 이유를 물으니, 가마꾼에게 다소나마 무게를 분담하려는 생각에서 그렇다는 신부〉 이야기는 목사님이 교인을 웃기려고 지어낸 농담인데, 이를 사실로 인식한 소년은 요강을 인 신부의 모습을 확인하려고 가마를 따라가며 훔쳐보려는 짓궂은 행동을 했다. 새색시는 마땅찮고 부끄러웠을 것이다.

나의 고향은 크리스마스 계절에 눈이 많이 내린다. 성탄절 크리스마스트리에 함박눈이 쌓여 축제 분위기가 충만하고, 캐럴송이 메아리치는 새하얀 세상에서 산타클로스 할아버지가 썰매를 타고 착한 아이에게 선물을 갖고 오신다니, 소년은 종소리 울리는 교회로 달려간다. 교회의 성가대석 옆에서, 검정치마에 흰 저고리를 단정히 차려입고 양 갈래 댕기머리를 곱게 빗은 청순한 여인의 발 풍금 반주에 맞춰 찬송가를 부르는 교인들의 평화로운 모습은 되돌려 보고픈 풋풋한 추억이다. 그때 풍금을 치던 화사한 여인의 모습은 아련한 그리움으로 남는다. 그분은 지금도 선녀처럼 고운 자태일까? 한 번 만나 뵙고 싶어진다. 이제 80대 중반의 할머니이실 텐데 말이다.

고향의 한가위 (2020. 02)

　파아란 하늘이 높아가는 이 가을, 벼 익는 황금 들판에서 참새 떼가 날고 길가의 코스모스 꽃이 하늘거리는 아름다운 벌판에서 물감 준비하는 산야를 바라보며, 내 고향 추억의 한가위가 생각난다. 들에는 곡식이 영글고 나무에는 과일이 익어가며, 사람들 마음에는 인정을 담는 계절이니 말이다.

　내 어릴 적 고향의 추석은 아이들에게 꿈과 낭만이 풍성한 잔칫날이었다. 윷놀이, 사물놀이 등 민속놀이로 어른들은 흥겨웠고, 고운 옷 차려입은 천사 같은 누나들의 강강술래 춤은 참으로 아름다웠다. 소녀는 그림을 그리고, 소년들은 장대를 들고 달을 따오려고 뒷동산에 오른다. 망월을 따면 달 속의 계수나무도 찾아보고, 떡방아 찧는 토끼와도 놀고 싶다. 고향에서의 순진무구한 동심은 이런 추석 풍경을 자연스레 상상하게 만들었다.
　'더도 말고 덜도 말고 한가위만 같아라.'
　봄날 파종한 후 여름 내내 김을 매고 물을 주며 농사짓느라 허리 휜 농부는 추석날의 풍요로움 속에서 흐뭇한 성취감을 느낀다. 과수원에는 과일이 탐스럽고, 외양간의 황소는 졸고 있는 한가로운 마을. 결실의 계절에 농부들의 마음 또한 넉넉하다.

또다시 추석이 찾아오지만, 이제는 가정을 이룬 아들딸에게 환희의 민속명절을 제대로 알려주지 못했기에, 자식들은 아버지의 애틋한 감정이 묻어나는 고향의 추억을 이해하지 못한다. 안타까운 마음에 옛날 어린 시절 부르던 동요를 흥얼거린다.

"바람아 바람아 불어라
대추야 대추야 떨어져라
아이야 아이야 주워라
어른아 어른아 잡수셔라"

그 시절 선산에는 밤, 대추, 감이 주렁주렁 매달린 나무들이 소년들을 산으로 달려가게 했다. 어른들은 산에 유실수를 심어놓고, 과실이 익는 한가위 날 자식들이 조상께 성묘하며 밤을 줍고 홍시를 따는 즐거움 속에서 우리 민족의 아름다운 풍습을 체험했다. 가족이 서열대로 묘소에서 차례를 지내고, 아이들은 과실나무로 달려간다. 잔디에 앉아 담소하던 큰아버지, 아버지, 형들은 청산의 솔밭 아래서 마른 풀숲을 헤치며 산삼 캐듯 조심스럽게 숲을 살핀다. 그곳에서 살찐 송이버섯이

들킬까 봐 숨어 있는 걸 발견하면 온 가족이 정답게 포식하고, 송이 향기에 취해 즐거운 표정이 망월처럼 밝았다. 성묘를 마치고 돌아올 때, 어머니는 햅쌀에 콩을 섞어 지은 기름기 자르르 흐르는 콩밥에 가닥김치를 얹어, 맛있는 밥 한 숟갈을 건네신다. 송이버섯을 씹으면 입안에 퍼지는 향기와 한가위의 풍성함에 가족은 하나가 된다.

지금도 선산에는 유실수마다 감, 대추가 익어가지만, 부모님이 돌아가신 후 교통 사정을 핑계로 고향에 성묘조차 떠나지 못하고, 집 근처 산야의 풀밭에 누워 낙엽 지는 나뭇가지 사이로 남쪽 하늘을 바라보며 사색의 시간을 보낸다. 이제 친구들도 하나둘 떠나고, 정지할 수 없는 세월 속 상념은 고독의 늪으로 이어진다. 그 속에서 나는 어린 시절의 사연을 회상해 본다.

옛날 동심의 세계는 반짝이던 샛별을 찾아 넓은 밤하늘을 두리번거렸지만, 도시 하늘에 뜬 달은 시골처럼 정겹지 않다. 그래서 심흉 깊이 잠든 추억을 더듬어, 고향의 황홀하던 무지갯빛 한가위를 다시 떠올려 본다.

어린 시절 형제들이 추석날을 기다린 이유는, 아버지가 명절에만 새 양복과 새 양말, 새 신발을 사 주셨기 때문이다. 부모님이 사 오신 옷과 신발을 벽장 속에 꼭꼭 숨겨두었다가, 추석날 자식들에게 선물하셨다. 그래서 새 물건을 받는 그날은,

참으로 즐겁고 특별한 명절로 기억된다.

어머니께서 깨끗이 닦아 놓은 유기 그릇 밥상 위에도 재미난 동심이 가득했다. 맞난 반찬이 풍성한 한가위 날, 식구들의 밥그릇은 눈부시게 반짝였고, 계란 반숙 접시는 곱디고운 반사로 개구쟁이 동생의 이 빠진 얼굴이 거울처럼 비쳤다. 그 모습은 극장에서 활동사진을 구경하듯 신기하고 재미있었다. 지금도 그 시절 고향 농촌에서 햅쌀밥 배불리 먹으며 뛰놀던 동무들과, 고향 산천의 붉은 가을이 그리워진다. 벼 익는 계절, 소년은 황금물결의 논두렁에 서서 대나무 막대기에 진흙을 채워 팔매질하며 참새 떼를 쫓고, 메뚜기를 잡아 참기름에 볶아 먹던 보양식도 문득 떠오른다.

"인간은 가는 세월 붙잡지 못하고
세월은 게으른 사람을 충고할 줄 모른다.
시간과 공간 사이로 삼라만상은 영원한데
오늘도 어른들은 시절만 탓하네."

울밑에서 귀뚜라미 우는 애잔한 계절, 질박한 고향 동무들은 다 어디로 가고, 어느새 노을은 서산을 물들인다. 가을날은 그렇게 바쁘게 흘러간다.

이름의 가치 (2020. 08)

평화를 지향하는 이름으로 존재하였으면 하는 바람에서, 이 이야기를 시작하고자 한다. 우리는 처음 대면할 때 통성명通姓名으로 인사를 나눈다. 그러므로 좋은 이름이나 특색 있는 이름은 상대의 호감을 얻을 수 있다. 자식의 부귀영화를 바라는 부모는 이름난 작명가를 찾아가 신생아 작명作名을 의뢰한다. 좋은 이름이 아이의 출세를 보장해 줄 것처럼 믿거나 말거나, 이름값이 아까운 줄도 모르고 고귀(?)한 이름 덕택에 집안의 부귀영화를 이룬 듯한 허무맹랑한 환상에 도취되기도 한다.

필자의 이름은 외할아버지께서 '임오생壬午生'이라 하여 '임수壬洙'라고 작명하셨다. 성과 이름의 첫 글자가 모두 ㅁ받침으로 이루어져 발음하기 불편하여 썩 좋은 이름은 아니지만, 어쩔 수 없이 평생 순응하며 지내고 있다.

대개 씨족이 모여 사는 집단촌에서는 남자아이의 이름은

항렬에 따라 작명되었지만, 여자아이는 계절에 따라 이름을 지었다. 예를 들면 봄에 태어나면 춘자, 가을엔 추자, 혹은 영자, 순자, 애자, 말자, 점순, 꽃순, 애순 등 토속적인 이름이 많았던 시절이 있었다. 또한, 당시에는 열악하고 비위생적인 환경에서 출산하는 일이 비일비재했기에, 산모가 변소에서 아이를 낳은 경우에는 아이의 이름을 '분례糞禮'라 등록해도 흉이 되지 않았다. 남아선호 사상이 팽배했던 시대였기에, 딸의 이름은 더욱 촌스럽고 하대받는 경우가 많았다.

철없던 어린 시절이 떠오르는 건, 어느덧 평균 수명에 가까운 나이에 이르러 과거를 되돌아보며 성찰의 시간을 갖고 싶은 심정 때문인지도 모르겠다. 70여 년 전, 초등학생 때의 일이다. 찐빵 가게에서 빵을 사 먹으려는데, 친구가 갑자기 나타나 내가 사려던 빵 하나를 잽싸게 입에 넣고 먹어버렸다. 친구는 배고픔을 참지 못한 절박한 순간이었겠지만, 나는 빼앗긴 빵을 돌려달라고 친구를 괴롭히며 졸랐고, 결국 친구 어머니가 내게 새 빵을 사 주셨다. 그 일이 문득 떠오르며 부끄러움을 느낀다. 당시 가난한 홀어머니 슬하에서 어렵게 살던 친구의 형편을 알면서도, 그런 행동을 한 인정 없는 아이였음을 후회하게 된다.

그 후로도 인생에서 수많은 시행착오와 잘못을 겪었고, 결과는 긍정적 효과보다 부정적 실패가 많았다. 그런 허물들이 쌓이고 나면, 그것이 곧 나이 든 자의 계급장이 되어 버린다. 속절없이 흘러가는 인생의 황혼은 삭풍에 낙엽 쌓이듯 허무하고 아쉬움만 남는다.

설날 단상斷想 (2021. 02)

　어린 시절부터 설렘의 추억이 묻어나는 민속 명절, 설날을 잊을 수 없다. 추석 명절과 더불어 조상을 섬기며 가족의 유대감, 그리고 가문의 질서와 미풍양속의 전통을 계승하는 명절이기 때문이다.

　일제 치하에서 조선의 근성을 제거하려던 침략자는 음력 말살 정책으로 우리의 설날이 풍전등화의 시련을 겪게 하였다. 또한 제3공화국 때는 잘살기 위한 몸부림으로 쉬지 않고 일해야 하는 절박한 처지에서 '이중과세二重過歲'란 멍에를 짊어지고 설날이 사라질 뻔했지만, 일제 치하에서 단발령에 항거하듯 농사에도 음력의 효용을 고집하고 조상 숭배 정신이 민속 명절 설날의 존재 가치를 확립하게 되었음을 생각한다.

　일찍이 소설가 고故 박완서 씨는 음력보다 양력의 실용성을 과학적이고 논리적으로 증명하며, 음력을 소홀히 하고 양력을 장려하는 소신을 밝혔으며, 신문화를 사유한 지식인들도 이에 동의하지만, 양력과 음력의 적용 논리에 괴리가 있다는 생각을 지울 수 없다. 예컨대 8월 한가위가 음력에 근거함에도 추석은 명실상부한 명절로 축제하는 풍습인데, 음력 설날만을 부정한다면 자가당착의 모순이라 하겠다. 계절의 순서를 보더라도 봄, 여름, 가을, 겨울이 순리이듯 봄이 시작되는 입춘지절의 설날을 민속 명절로 경축하는 것이 당연하다 생각한다. 농자천하지대본農者天下之大本이던 시절부터 설날은 도농都農을 막론하고 최고의 민속 명절로 기억된다.

설날에 즈음하여 타향의 자식, 형제들의 귀성 행렬이 고난의 행군일지라도 고향의 부모님을 뵙고 소꿉동무를 만나는 희열의 공간으로 회상되는 것은 미풍양속 덕분이다. 궁핍한 농촌이라 할지라도 설날에는 조상께 차례를 드리고, 이웃 간 나눔의 인정이 묻어나는 미풍양속을 계승하려는 마을이었다.

마당 구석에서 들리는 돼지 멱 따는 소리는 동네 사람들이 추렴하여 돼지를 잡는 소리였다. 돼지 멱을 따서 양동이에 받아 둔 선혈을 창자에 채워 익힌 순대 맛이 어찌나 맛있던지, "둘이 먹다 한 사람 죽어도 모르겠다."는 말이 귓전에 맴돈다. 섣달그믐이면 이발소에는 남정네들이 이발하려고 모이고, 방앗간에는 떡쌀을 이고 온 아낙네들로 장사진을 이루는 마을 풍경이 주마등처럼 아련하다.

우리 집에는 목욕탕이 있었다. 무쇠 욕조가 어찌나 크던지 형제들 3~4명이 한꺼번에 들어갈 수 있었고, 온 가족이 순서에 따라 목욕하는 날은 주말이었지만, 섣달그믐은 특별히 욕조에 물을 채우고 아궁이에 장작불을 피워 물을 데우면, 뜨거운 욕조 바닥에 나무 깔판을 깔고 형제들이 목욕물에 푹 담가 때를 불리면 어머니께서 씻겨 주셨다.

설날 아침, 형제들이 순서에 따라 부모님께 세배하고, 동네의 큰아버지 댁으로 가서 세배하면 큰어머니께서 인절미와 곶감을 챙겨 주셨다. 다시 고모님 댁으로 달려가 세배하고, 차려진 상에 식혜와 산자가 참 맛있었다. 그 시절엔 '세뱃돈'이란 말이 없던 때라, 돈을 받지 않아도 불만이 없었다.

설날의 민속놀이 중 사물놀이는 동네가 시끌벅적한 축제 행사로, 정월대보름까지 들뜬 분위기 속에서 한 해의 풍년을 기원하고 동네의 만사형통을 바라며, 집집마다 다니며 징과 장구, 피리와 꽹과리, 소고 등을 망라한 농악의 향연이 민속 명절의 면모를 적나라하게 펼쳤다. 연날리기 행사도 빼놓을 수 없는 우리의 민속놀이다. 가오리연, 방패연 등 형형색색의 연이 창공에서 묘기를 부리는 장면은 흥미진진한 신기神技로 기억된다. 또한 쥐불놀이도 빠질 수 없는 아이들의 농촌 놀이문화였다. 구멍 난 깡통에 숯불을 담아 철사줄에 묶어 공중에 돌리면, 불꽃이 보름달 빛처럼 피어올랐고, 논두렁과 밭두렁의 마른 풀에 불을 질러 잡초에서 월동한 해충을 화장火葬함으로써 농사에 유익한 민속 행사였다.

　우리 집 한 해 농사를 책임질 머슴을 채용하는 시기도 이때였다. 아버지께서 면접하시고 새경을 합의하면 고용이 성립되었는데, 그 시절엔 고용 계약서를 쓰지 않아도 계약 불이행이나 분쟁의 실마리는 거의 발생하지 않았으니, 농촌의 순수한 신뢰 수준은 빛나는 전통이었다. 그 시절 책정하던 새경은 상머슴은 벼 열 섬[2], 중머슴은 벼 여덟 섬으로, 지금 기준이라면 턱도 없는 임금일지 모르나, 당시 농촌의 생산성을 고려하면 부당하지 않은 고용 계약이라 판단된다.
　설 명절 축제는 대개 정월 대보름에 끝나고, 농촌은 일상으로 돌아가 농민들의 바쁜 농사일이 시작된다.

---

2) 섬: 곡식 따위를 담기 위해 짚으로 만든 그릇으로, 한 섬은 벼 두 가마니 정도

향촌의 풍경 (2021. 06)

　고향은 조건 없는 그리움이다. 가난했더라도, 환경이 초라해도 상관없다. 고향은 꿈과 희망의 요람이기 때문이다.

　내가 다니던 초등학교 주변은 동화 속의 낙원처럼 아름답다. 동쪽 공원에 한 오백 년 수령의 느티나무 가지에 새들뿐만 아니라 박쥐들도 모여든다. 서산의 낙락장송落落長松에는 눈부시게 하얀 백로 한 쌍이 깃든다. 에덴동산처럼 아름다운 곳에서 사생 공부를 하던 때가 그립다.
　학생 수에 비해 턱없이 부족한 교실을 대신해 야외 학습을 하면서 선생님께서 '사두봉의 전설'이나 '도깨비 굴' 이야기를 해 주실 때 흥분의 도가니에 빠지던 시절, 고향의 초등학교가 자랑스럽고 나의 선생님이 제일 훌륭하다는 믿음이 있었다.

　그 시절 우리는 친구들이 많았다. 집집마다 아이들이 너댓 명은 보통이다. 형제들이 많으면 아이들 싸움에서 주도권을 행사하는데, 그중에서 우리 칠 형제의 세력은 대단한 권위를 창출했다.

　그때 동네에는 아이들이 많았다. 자고 나면 이집 저집 친구 집에 인줄이 쳐지면 아이가 태어난 증거였다. 숯과 목화솜이 꽂히고 고추가 매달린 새끼줄이 오두막 출입문에 나타나면 우린 한동안 친구 집에 갈 수 없었다.

　내가 살던 고향의 문화는 궁색하고 문명은 뒤처진 촌락인데도, 밤하늘에 보석 뿌려 놓은 듯 찬란한 은하수 벌판을 보며 신기루를 쫓아 꿈꾸던 낭만이 묻어나는 곳이었다.
　녹음 짙은 숲에 새들이 깃들고 산야에는 꽃 피고 지는 고향에서 허물없는 동무들과 뛰놀던 시절이 그립다. 마치 고된 훈련과 배고프던 군대 시절의 추억을 재미나게 자랑하듯 말이다.
　지금은 베트남이나 캄보디아에서 추억의 반가움을 체험할 수 있는 사탕수수가 여름이면 마당가에 즐비했는데, 단수수(사탕수수의 방언) 나무를 꺾어 껍질 벗기고 단물 삼키던 시절이 생각난다.

　고향에는 눈이 많이 내린다. 폭설이 아니고 섣달그믐날 함지박에 쌓이는 떡 쌀가루처럼 밤새 조용조용 소리 없이 내린 눈이 걸음마 배우는 아이의 키만큼 쌓였다. 눈이 내리면 대나무 쪼개 스키 만들어 위험한 신작로를 자동차와 어울러 경주하듯 달렸다. 구슬치기, 제기차기, 연 날리느라 손등이 갈라져 피가 배어나고 콧물이 발등 찧을 듯 위태로운 꼴이지만 촌놈은 궁색한 놀이 문화에 푹 빠졌다. 초가지붕 추녀에 매달린 고드름을 따서 칼싸움에 몰두하다가 아버지께 야단 듣던 시절의 소담스런 추억도 참 그립다.

사두봉 전설의 근원지 연못을 내려다보는 위치에 뾰족이 높은 종탑을 가진 양철지붕의 교회가 있었다. 소년은 연못에서 왕잠자리 잡는 놀이에 심취해 교회는 별 흥미를 못 느꼈는데 어느 날 친구가 교회에서 받아온 초콜릿이 어찌나 먹고 싶던지 머뭇머뭇 교회를 찾아간다.

"나의 사랑하는 책 비록 헤어졌으나 어머님의 무릎 위에 앉아서 재미있게 듣던 말 이 책 중에 있으니…"

교회에서 들려오는 찬송가는 학교에서 배운 동요와 다른 생경한 멜로디지만 신비로운 끌림에 스르르 교회 안으로 들어선다. 그곳에는 학교의 친구들이 주일학교라는 단체에 모이고, 그림으로 설명하시는 차트로 전도사님의 재미있는 예수님의 이야기를 들으면서 막연한 동경심이 생겼다.

그때는 성경책의 깊고 오묘한 이치를 모르다가, 장성하면서 성경 말씀에는 예술이 있고 철학이 숨 쉬며 풍성한 문학이 있음을 느끼게 되었다. 예컨대 〈벤허〉나 〈십계〉 등 성경을 소재로 한 영화나 앙드레 지드의 소설 『좁은 문』 또는 레오나르도 다빈치의 성화 〈최후의 만찬〉을 접하며 무궁한 역사를 체험하며 천지창조에 대한 경외심이 우러나기도 하니 말이다.

교회의 종탑에는 무쇠로 만든 육중한 종이 매달려 예배 시간을 알릴 때마다 우렁찬 종소리가 십 리 밖에서도 들렸다. 종지기가 종을 치기 위해서 아스라이 높은 종신의 회전을 실행하는 동아줄을 잡아당기는데 우리들이 잡아당긴다면 꼼짝도 하지 않을 무거운 종이 떨어진다면 어쩌나 하는 쓸데없는 걱정을 하기도 했다. 한참 후 지방문화제 조성을 위해 교회는 종탑도 사라졌다는 소식에 소중한 추억 상실감에 허전함을 느꼈다. 최근 아내와 발칸반도를 여행하면서 슬로베니아 블레드 호수 섬에 있는 성모마리아 승천 성당에서 동아줄을 잡아당겨 종을 세 번 치며 소원을 빌었는데, 새삼 그때 추억이 다시금 떠올랐다.

고향에서 크리스마스 시즌이 오면 도회지의 대학생 형들이 찾아와 예수님 탄생을 기념하여 연극을 가르쳐 주었는데 친구들은 배역에 무척 신경 썼다. 선호하는 배역은 예수님이고 베드로, 안드레, 야고보, 요한, 빌립 등 배역은 무난한데, 유다 역할은 서로 기피했다. 실제 연극의 절정은 예수님과 유다의 상징성에 있는데도, 예수님을 팔아먹은 비인륜적 제자 유다에 대한 적대감이었을 것이다.

연극 연습이 끝나면 선물 보따리가 쏟아졌다. 전후戰後 황폐해진 대한민국에 세계 각국의 선교단체들이 보내온 구호품이 첩첩 산골의 우리들에게도 배급되었다. 구호물자를 받아든 우리들의 표정은 환희의 행복으로 가득 찼다. 미지의 나라에서 보낸 물건이지만, 선진국 아이들의 문화가 묻어나는 진기한 선물을 차지할 수 있으니 말이다. 지우개 달린 연필을 받으면 잘못 쓴 글자는 연필 꽁무니의 지우개로 깨끗이 지울 수 있다. 특히 연필깎이를 받은 친구는 연필을 넣고 돌리면 끝이 뾰족한 예쁜 연필로 변하니 신기하여 자꾸 깎으면 몽당연필이 되었다. 유통기한이 없던 그 시절에는 음식물도 나눠 먹었는데 건빵같이 바로 먹는 과자와 초콜릿도 소중한 선물이었다. 생전 처음 접하는 분유 덩어리(오랜 운송 기간으로 분유가 돌덩어리처럼 굳었다.)는 뭔지 모른 채 어떻게 먹을 줄 몰라 망치로 덩어리를 깨서 밥솥에 쪄서 무르게 녹여 먹던 해프닝도 기억난다.

찬송가 부를 때 풍금 치던 질박한 여인의 모습이 생각난다. 그녀는 하얀 저고리에 검은 치마 차림으로 단정히 앉아 풍금을 쳤다. 성가대의 찬송가를 아름답게 반주하던 곱디고운 멜로디가 귓전에 맴도는데 그때 풍금 치던 누님은 지금도 고운 자태로 살고 계시는지 그리워진다.

크리스마스 전야를 예배와 연극으로 밤을 새우고 예수님의 탄생을 알리려 떼지어 새벽송을 다니며 동방박사 기분도 내었다. 함박눈이 내린다면 최고의 성탄일로 운치를 더하였다.
향촌의 풍경은 추억이 묻어나는 낭만으로 다가온다.

고향유정 故鄉有情 (2021. 06)

    태생이 촌놈이라 역시 촌스럽다. 천성이 순박하니 눈치 빠른 도시인에게 밀리고, 똑똑하지 못해 앞서 나가지도 못한다. 어영부영 덤덤한 도시 생활 속에서 인생 황혼에 이르니, 문득 어릴 적 살던 고향이 그리워진다. 산에서 뻐꾸기가 울고, 들에서 누나가 나물을 캐고, 우리는 삘기를 뽑아 단물을 빨아 목에 넘기던 때. 개천에서는 황새가 참방거리며 송사리를 잡아먹던 농촌 풍경이 우리의 놀이터였다. 개구리가 연애하는 논두렁 아래 도랑에서 용트림하던 미꾸리는 어느새 뜸부기의 영양식이 된다.

    아버지를 따라 참외밭에 가면, 밭주인 아버지와 소작인이 갓 딴 참외를 공평히 나눈다. 형제들은 그 풍족한 소득으로 행복을 맛본다. 요즘 참외는 노란색 일색이지만, 그때는 다양했다. 껍질이 얇고 투명한 나일론 참외, 속은 붉고 겉은 검푸른 줄무늬 개구리 참외, 맛은 없지만 호박처럼 커서 배부른 호박 참외, 계란처럼 작아도 꿀맛 같은 노란 김막과 참외. 원두막에 앉아 먹던 추억이 그립다. 그 시절 농촌의 여름은 우리의 성장을 촉진하는 천혜의 자양분이었다.

숲에서 산딸기를 따고, 뽕나무 밭에서 까만 오디를 따 먹으면 입이 먹물처럼 새까맸다. 형들을 따라 천수답에 물을 대느라 말라버린 방죽의 질펀한 뻘에서, 조자룡의 헌 칼을 휘두르듯 작살로 장어를 잡던 즐거움은 옹골찬 낭만이었다. 풀벌레 소리가 시끄러운 초원의 까만 밤하늘, 보석처럼 반짝이는 별빛, 유영하는 반딧불이의 경이로운 풍경. 모깃불 매캐한 여름밤, 소년은 평상에 누워 대청마루에서 어머니와 큰형수가 장단 맞춰 내는 다듬이 소리를 자장가 삼아 스르르 잠들었다.

이런 고향의 모습, 경이로운 풍경을 후손들에게 보여주고 싶다. 도시에서 태어나고 자란 자식과 손주들은 농촌의 깊고 순수한 자연의 희열을 모른다. 할아버지의 고향을 체험하게 하고 싶은 욕심이 생긴다. 옛날에는 완행 열차로 밤을 새워 10시간을 달려야 고향 근처 역에 도착하는 고달픈 여정이었다. 하지만 이제 수서역에서 SRT를 타면 산하를 씽씽 달려 1시간 30분 만에 정읍역에 닿는다.

해외 주재 중인 사위를 빼고 아홉 식구가 렌터카로 고향을 향한다. 고창에서 청동기 시대 고인돌 유적지를 관람하니, 손주들이 고인돌의 형태와 조성 과정에 관심을 보인다.[3] 조상의 신비한 생활 풍습에 호기심을 보이는 모습에 고향에 대한 긍지를 느낀다. 고인돌 박물관을 나와 벼가 자라는 평야와 푸르른 산야를 공유하니, 마치 자연사 박물관을 탐방하는 듯하다.

예약한 식당에 도착하니, 넓은 공간에서 장어를 먹는 손님들의 표정이 밝다. 청정 지역에서 성업 중인 식당이다. 어린 시절, 서해 바다와 민물이 합류하는 풍천[4]에서 잡은 장어가 일미였다. 하지만 이제 풍천에서도 자연산 장어는 없고, 양식 장어가 풍천장어로 행세하는 모습이 우습다. 그래도 장어를 굽기 바쁘게 먹는 식구들과 함께한 행복한 공간은 소중한 추억이 된다.

오찬 후, 가족이 유숙할 숙소를 찾아간다. 아직 철이 일러 개장하지 않은 해수욕장 부근이다. 45년 전, 세 살 딸과 바캉스를 왔던 곳이다. 이제 대학생 아들의 엄마가 된 딸과 다시 오니 감개무량하다. 짐을 풀고 고향 면 소재지로 이동해, 이제 유적지로 변한 초등학교 옛터에서 사두봉 전설[5]과 할아비의 성장 이야기를 설명한다. 진지하게 듣는 손주들이 귀엽다.

---

3) 고창 고인돌 유적지는 유네스코 세계문화유산(2000년)으로, 청동기 시대(기원전 1000~300년) 무덤 구조물.

4) 풍천은 고창과 부안 사이 하천으로, 장어로 유명한 지역.

5) 사두봉 전설은 고창 지역 민담으로, 정확한 내용은 지역에 따라 다름.

이번 여행의 목적은 조상의 얼을 새기고 운명적 뿌리를 확인하는 것이다. 부모님 산소를 찾는다. 오랜만에 직계를 이끌고 불효자가 성묘한다. 생전 자애로우셨던 어머님도 처음 만난 증손주들을 반가워하시리라. 저녁은 법성포로 향한다. '토우'라는 식당은 관광버스도 주차할 수 있는 넓은 주차장과 2층 규모를 자랑한다. 굴비정식을 시켰더니 게장까지 덤으로 나와, 모두 맛있게 먹으며 흡족하다.

숙소에 돌아오니 사방이 까만 밤이다. 손주들에게 고향의 보석 같은 별빛을 보여주고 싶었지만, 구름 때문에 별이 보이지 않는다. 반딧불이도 없다. 다만 숲에서 어설픈 풀벌레 소리가 초여름 밤을 지킨다. 새 아침, 가족이 바닷가를 산책한다. 갈매기 떼가 파도에 밀려온 물고기를 잡아먹는다. 아이들이 신나게 뛰며 갈매기를 쫓고 조개를 줍는다. 명사십리를 걷는데, 바닷가 해당화 숲의 토실한 열매 사이에 때늦은 붉은 해당화 한 송이가 애잔하다.

초등학교 시절 소풍 가던 선운산을 손주와 함께 본다. 동백꽃은 시들고 초록 잎만 싱그럽다. 가을이면 국화보다 상사화 군락이 아름답고, 선운천 가장자리 나무들의 단풍이 절경이다. 도솔암 입구 장사송의 기개는 천년을 버틸 만큼 위용스럽다.[6] 고향의 보석 창고는 보물이 많지만, 기차 시간이 다가와 아쉬움을 뒤로하고 정읍역으로 향한다. 빌린 승용차를 반납하고 고속철을 탄다. 손주는 어느새 스마트폰 게임에 빠진다. 하지만 내가 지나온 고향길이 눈에도 발에도 밟힌다.

---

6) 선운산 장사송은 도솔암 입구의 오래된 소나무로, 지역의 상징적 나무.

눈밭에서 (2021. 12)

　눈이 내린다. 함박눈이다. 눈앞에 펼쳐진 새하얀 풍경이 별천지別天地를 연상케 한다. 초겨울까지 매달려 있던 나뭇잎이 져버리니, 구성 없는 막대기 같은 가지에 눈가루가 달라붙어 예쁜 설화雪花가 피었다. 백합화는 아니지만, 순수한 눈꽃이 참으로 아름답다. 그런데 느닷없이 까치 한 쌍이 날아와 가지에 앉으니, 우수수 아까운 눈꽃이 형체 없이 사라져 버린다. 하지만 불평할 줄 모르고 다시 묵묵히 내리는 눈은 새로운 눈꽃을 만들어내며, 자연의 향연을 계속해서 펼쳐 준다.

　정원 구석에 다소곳이 앉은 앉은뱅이 소나무 위에 눈 덮인 모습은, 마치 목화솜을 가득 담아 놓은 광주리처럼 소담하다. 조용조용 내리는 눈은 섣달그믐날 방앗간에 떡쌀 가루 쌓이듯 넉넉하다. 어머니께서 쌀가루로 시루에 떡을 찌고, 가래떡을 만들어 설날 아침 떡국을 차려주시던 그 황홀한 순간에 빠졌던 동심이 그리워진다. 이 아름다운 풍경을 사진으로 찍어 보관해 두고, 생각날 때 꺼내 볼 수 있다면 참 좋겠다.

두메산골에 내리는 눈은 청결하여, 우리가 목마를 때 퍼먹으면 시원하다. 설향雪鄕의 눈이 상쾌한 빙수 같다. 동네 아이들은 얼음 방죽에서 썰매를 타며 종횡무진 신이 나고, 강아지도 덩달아 좋아서 눈밭을 이리저리 뛰어다닌다. 썰매를 끄는 아빠의 이마에는 땀이 범벅이 된다.

장독대에 쌓이는 눈은 각가지 항아리 형태를 아름답게 형상화한 모습이 경이롭다. 형제들은 눈덩이를 굴려 눈사람을 만들지만, 장독대의 항아리처럼 곡선미와 생동감이 풍부한 조각미를 창출하지는 못한다. 그래서 눈사람은 뚱뚱보가 된다. 그럼에도 우리는 정성스럽게 숯덩이로 눈알을 박고, 솔잎을 꺾어 와 눈썹을 붙인다. 다락에서 구겨진 밀짚모자를 꺼내 씌우면 멋진 눈사람이 완성된다.

세상이 눈밭이 되면, 참새 떼가 먹이를 찾아 민가로 날아온다. 참새는 고기가 귀하던 농촌에서 아이들에게 소중한 영양식이 되기도 했다. 눈 쌓인 마당에 나락 한 줌을 깔아놓고, 널판장으로 덫을 만들어 참새를 유인했다. 곳간에서 꺼내 온 쌀뒤주 덮개를 막대기로 고이고, 막대기에 실(새끼줄)을 묶어 방문 봉창을 지나 방 안까지 연결한다. 동작이 빠른 형이 창구멍으로 동정을 살피다가, 참새 떼가 모여 모이를 먹느라 정신없을 때 재빨리 실을 잡아당긴다. 동생들은 덫에 깔린 참새를 줍는다. 털을 뽑고, 작지만 통통한 허벅지 살을 짚불에 구워 먹을 때의 그 미각은 형언할 수 없이 맛있었다. 그 시절, 참새가 송아지 엉덩이에 앉아 "네 살 열 점과 내 살 한 점하고는 안 바꾼다."라는 농담처럼, 참새고기의 맛은 지금도 잊히지 않는다.

내가 훔친 찬란한 신록新綠 (2022. 05)

"날아라 새들아 푸른 하늘을, 오월은 푸르구나, 우리들은 자란다." 어린이날 노래가 새삼 떠오르는 이유는, 꽃이 피고 지고, 녹음방초 무성한 산야가 마치 아름다운 낙원처럼 느껴지기 때문이다.

풍요와 희망이 묻어나는 상상 속에서, 봄비에 쑥쑥 크는 초목처럼 귀엽고 사랑스러운 아이들과 함께했던 추억이 그리워진다.

젊은 시절, 업무에 지친 일상을 견디게 했던 동력은 사랑의 보금자리를 가꾸며 탄생의 신비와 삶의 보람을 누리던 날들이었다. 하지만 이제 인생의 황혼을 접하니, 내가 소유했던 운명의 순간들이 마치 소중한 보석을 잃어버린 듯 아쉬움이 남는 세월이 되고 말았다.

화무십일홍花無十日紅, 꽃은 열흘을 못 가지만 녹음방초 짙어지는 오월은 늘 푸르러 좋다.

청산에 나무는 자라고, 계곡엔 물이 흐르고, 산새들의 찬가가 울리는 이곳에서 자연은 언제나 그 자리에 존재한다.

산은 산으로, 나무는 나무로 존재하며, 세월의 증거가 되어 자연의 이치를 실증하는 것이다.

나에게도 먼 옛날 어린 시절이 있었다. 푸른 나뭇잎처럼 풋풋한 아이들이 들판을 쏘다니며, 물찬 논에서 시끌벅적 개구리들의 봄노래를 들으며, 벼가 쑥쑥 자라나는 자연의 순리를 감상하곤 했다. 오월이면 라일락 향기 진동하는 들판에서 아카시아 잎 따기 놀이를 하며, 지천에 피는 찔레꽃의 다소곳한 자태에 설레었다. 그 모습은 좋아하는 여자 친구에 대한 야릇한 끌림이었을까. 꽃밭에는 난초의 화려한 존재가 경이롭기까지 했다. 그 시절 촌놈에게 장미꽃은 감히 어울리지 않는 호사好事로 느껴지곤 했다.

어린 시절, 아버지의 사생寫生 교육은 사물 관찰과 정서 함양에 유익했다는 신념이 있다. 아버지는 소설 읽기를 즐기셨고, 종종 독후감을 밥상머리에서 흥미진진하게 들려주시곤 했다. 삼국지에서 장비가 막걸리를 단숨에 들이켜고 통닭을 뜯던 장면에서는, 우리도 무김치를 아삭아삭 씹으며 마치 닭다리를 먹는 듯 몰입했다.

아버지는 문학적 소양을 지닌 분이었다. 아버지의 이야기는 마치 향기로운 두릅무침, 취나물, 미나리나물 넣은 보리밥에 참기름을 더한 맛처럼, 고기보다 맛있는 진수성찬이었다.

70여 년이 지난 지금도, 아버지께서 들려주시던 소설 이야기가 귓가에 생생하게 맴돈다.

아버지가 들려주시던 이야기 중 하나:

옛날, 바닷가 마을에서 자란 색시가 내륙 지방으로 시집을 갔다. 맨날 보리밥이나 콩밥에, 콩나물, 시금치나물, 쑥국, 된장국만 차려지는 밥상이었기에, 친정에서 먹던 생선찌개나 새우젓, 밴댕이젓이 그리웠다.

어느 날 아침, 된장국을 끓이려 냄비에 물을 채우는데, 마을에 생선장수가 나타났다. 수중에 돈 한 푼 없었지만, 갈치를 움켜잡았다 놓고, 고등어를 들어보고, 생태와 오징어까지 만지작거리다 결국 아무것도 사지 못하고 빈손으로 돌아왔다. 비린 손을 된장국에 씻으며 끓인 국이 유난히 맛있었고, 그 국을 드신 시아버지는 예쁜 며느리에게 비결을 물었다. 며느리는 자초지종을 설명했지만, 시아버지는 크게 화를 내며 며느리를 쫓아냈다. 울며 마을을 떠나는 며느리를 본 이웃이 이유를 묻자, 시아버지는 말했다.

"생선 묻은 손을 간장독에 씻었으면 1년 내내 맛있는 간장을 먹었을 텐데, 한 끼 된장국에 씻어버려 가족 입맛만 버렸소."

이를 들은 마을 주민들은 분노하며 시아버지를 꾸짖었다.

"이 마을에서 쫓겨날 사람은 당신입니다. 그 며느리의 손을 온 마을 사람들이 마시는 샘물에 씻었더라면 모두가 함께 맛있는 물을 마실 수 있었을 겁니다. 당신 가족만 잘 먹으려 한 그 마음, 우리는 용서할 수 없습니다."

  결국 시아버지는 자신의 잘못을 뉘우치고, 현명한 며느리에게 가정을 맡겨 잘 살았다는 아버지의 이야기다.

  나의 고향 밤하늘에는 별이 빛나고, 바다에는 진주가 있으며, 초원의 삼라만상森羅萬象은 아련한 그리움으로 남는다. 농부가 밭을 갈고, 청춘은 사랑하며, 아이들은 마음껏 뛰놀던 고향의 푸른 오월이 참으로 그립다.

두레박과 두레 (2023. 08)

어릴 적 우리 집 마당가에는 깊은 샘이 있었다. 소설가 김원일의 〈마당 깊은 집〉이 아닌 〈물 깊은 우물〉이다. 수도가 없던 시절, 우리 집 샘은 동네 식수원으로, 주민들이 물을 길으러 다닐 수 있도록 대문은 항상 열려 있었다.

두레박줄은 쉴 새 없이 물을 퍼 나르느라 마를 새 없이 젖어 있었고, 어떤 분은 물을 길러 올 때 전용 두레박을 가지고 다니기도 했다. 이웃집 육촌 형이 샘물을 떠 올릴 때 두레박으로 묘기를 부리면 호기심이 발동했다. 두레박을 다이빙하듯 던져 물을 가득 채워 올리는 모습이 신기하고 재미있었기 때문이다.

한여름 폭염에 우리 집 샘은 냉장고였다. 천방지축 동네를 쏘다니며 놀던 우리 형제가 뙤약볕에 땀범벅이 된 몸을 시원한 우물물로 씻기고 닦아주던 자애로운 어머니가 그립다. 어머니께서 우물 속 두레박 끈을 잡아 올리면, 두레박 끈에 묶여 샘물 속에 잠겨 있던 바구니에서 이슬 머금은 참외, 복숭아, 포도가 얼음처럼 차갑고 달아 맛있게 먹던 추억이 아련하다.

그 시절 구슬치기, 땅따먹기하며 놀던 친구도 그립다. 한여름 감나무에 올라가 손바닥보다 큰 잎새 속에 숨어 영그는 땡감을 따려다 벌침보다 고약한 쐐기벌레에 쏘여 혼난 추억도 생각난다.

친구 아버지는 우물을 파는 기술자였다. 우리 집 샘도 친구 아버지가 땅속의 수맥을 용케 찾아내어 생긴 것이었고, 수도 시설이 없던 마을의 식수원이 되었다. 친구 아버지는 일본에서 샘 파는 기술로 먹고살 만했는데, 광복을 맞아 조국, 그리운 고향에 돌아왔지만, 초근목피로 연명하던 가난한 마을 사람들은 냇물을 먹을망정 돈 들여 우물을 팔 형편이 아니었다. 논밭 한 평도 없던 친구네는 결국 생계를 위해 도시로 떠났고 우리는 헤어지게 되었다. 70여 년의 세월이 흐른 지금, 《요이 짱》이라는 일본 이름만 기억날 뿐, 얼굴은 잊었으니 늙은 나이에 다시 만나도 알아볼 자신이 없다.

그 시절 농사는 조상 대대로 이어져 온 생업이었기에 '농자천하지대본農者天下之大本'이라는 신념 아래 논을 갈고 밭을 갈며, 모를 심고 파종하여 흙에서 생산하는, 그야말로 순수한 자연 친화적 소명을 실천하던 농촌의 질서였다.

"노고지리 앞서 가자 해가 뜨는 이 벌판
초롱불에 돌아가자 해가 지는 이 벌판
황소굴레 풍경 소리 자고 깨는 농부야

새 나라 새 천지에 어서 가자 어서 가"

 농부가 일터에서 흥얼거리던 민요를 어렴풋이 기억하고, 농촌의 소박하고 평화로운 풍경을 회상하며 순진무구하던 동심에 젖는다. 농부는 경작하기 위한 시기時期가 있을 뿐, 노동 시간은 제한할 수 없었다. 봄에 파종하면 여름 동안 구슬땀을 흘리며 일한 만큼, 가을에 추수할 수 있기 때문이다. 어릴 적 우리 집에는 두 분의 머슴이 농사일을 책임지며 함께 살았다. 가족이 있음에도 폭우 쏟아지는 한밤중에 도롱이를 어깨에 두르고 논으로 달려가 물꼬를 터 주며 방천이 무너지지 않게 단도리해야 했기에 자기 집에 못 가고 우리 집에서 거주했던 것이다. 벼가 자라는 시기에 논에 적당한 물은 생명수인데, 가물어 메마른 논에 물을 공급하기 위해 머슴 두 분이 한여름 긴긴 날 두레질하는 모습은 재미있는 구경거리였다.

 오동나무 판자 네 짝을 아귀 맞춰 붙이고, 밑면이 좁은 사각형 통 모양의 두레는 네 귀퉁이에 새끼줄을 연결해 방죽의 물을 퍼 올릴 준비를 한다. 논에 물을 대기 위해 두레 물이 떨어지는 위치에 헌 가마니를 깔아 파이지 않게 준비한 후, 방죽의 물을 퍼 올리는 행위는 흥미롭다.
 "지금은 연습이요." 하면
 "호흡을 맞춥시다." 맞장구치듯 하는 소리는, 힘들게 물을 퍼 올리는 일이 지루하지 않도록 하려는 두레질의 관습으로,

서로를 다독이며 창을 하듯 숫자를 세고 구성진 추임새에 장단을 맞춰 본격적인 두레질이 절정을 이룰 때면 구경하는 우리들의 어깨춤이 절로 나왔다.

"하나, 둘!"
"둘, 셋!"
"셋, 넷!"
"잘 넘어간다!"

두 분의 구령이 들판에 메아리치고, 오십을 셀 때는 "꺾어진 백이요!"라고 소리치면 "세월 빠르네."라는 맞장구가 흥을 돋운다. 팔십을 셀 때, 그 시절 인생 팔십은 숨넘어가는 노인의 처지를 에둘러 "그르렁 팔십!"이라 하며 센다. 100번을 퍼 올리면 다시 하나부터 시작하는데, 논배미에 물이 참방거릴 때까지, 혹은 방죽물이 바닥나거나 해가 질 때까지 두레질은 계속되고 고단한 하루의 일이 마무리된다.

어머니께서 종일 두레질한 두 분의 밥상을 마루에 차려오셨는데, 그 밥그릇이 지금도 있다면 박물관에서 이조백자 행세를 할 만큼 크디큰 사기그릇이었다. 그릇에 고봉으로 담긴 밥을 숟가락질하는 모습은 마치 삽질하듯 많던 보리밥이 입안으로 사라지는 광경이었다.

벼의 성장을 위해 적절한 여름비는 생명수인데, 가물어 메마르면 농민의 갈증은 절박하다. 목마른 천수답天水畓에 두 머슴이 두레질하던 방죽에서 농사의 순서를 터득하게 되었고, 농사철 새벽부터 어두울 무렵까지 농사일을 하며, 인정人情은 상부상조하는 미덕으로, 주인과 머슴의 관계보다 이심전심 협동심을 고양하는 미풍양속으로 기억된다. 문명과는 동떨어진 촌락의 환경은 여명의 새벽부터 들로 나가 밭을 갈고, 산에 가면 나무를 하고, 밤에는 호롱불 켜고 길쌈하는 농촌의 고단한 시절이었다. 그 그리움은 온고지정溫故之情인가 싶다.

어느새 인생 황혼길에 접어드니, 내가 겪은 농경 시대의 환경이 자랑스럽게 느껴지는 이유는, 긴긴 연륜을 통해 자연의 진리眞理를 체험하던 시절이 비록 궁색했지만 거짓이 없었기 때문이다. '콩 심은 데 콩 나고 팥 심은 데 팥 난다.'는 정직함은 농민의 소중한 자본이었음을 새삼 깨닫는다.

03
회상

궁합 (1971. 07)

며칠 전, 궁합을 보러 갔었다. 미신인데도 불구하고 그것 때문에 어이없는 모욕을 당했고, 어찌나 화가 나던지 지저분한 개천가에 있는 궁합쟁이 집을 찾아갈 때조차 창피하다는 생각이 들지 않았다.

도깨비 집 같은 방 안에는, 얼마나 우려먹었는지 낡고 닳아빠진 책을 펴놓고 두꺼비처럼 두 눈을 깜박이며 앉아 있는 요사스러운 그 얼굴에 침이라도 뱉고 싶을 정도였다. 그런데 그 궁합쟁이가 사회 공익사업을 한다는 말인가? 내무부 장관 표창장이 대문짝만 하게 확대되어 벽에 걸려 있으니 말이다.

"사주가 퍽 좋습니다. 부모님 중 한 분이 안 계신데, 그것이 오히려 덕이 되며 정치에 뛰어들면 안 됩니다. 하지만 어떠한 사업을 하더라도 만사형통할 운입니다. 자수성가를 하게 되겠고, 후일에는 자선사업을 하시겠습니다."

"결혼은 금년에 해야 합니다. 이 여자와 결혼하면 나무와 물의 합이니 다시없는 인연입니다. 자식은 딸 셋, 아들 둘로 모두 다섯 자녀를 두게 되겠습니다. 결혼 후에는 당신이 처가에 도움을 주게 될 것입니다."

'웃는 얼굴에 침 뱉지 말라'는 격언이 생각났다. 나는 궁합을 신뢰하지 않을 뿐 아니라 사탄의 흉괴로까지 단정하고 있었다. 하지만 궁합쟁이를 공격할 만한 뚜렷한 표적을 발견할 수는 없었다. 오히려 내게 참신한(?) 총각임을 입증해 주었으니, 고마운 마음이 드는 것도 인지상정이었나 보다.
  그날 나는, 내가 사랑하는 그녀의 어머니와 함께였다.

남강의 달빛 (1972. 10)

　의식주 해결로 만족하던 원시인이 아니기에, 사고하고 번뇌하던 사춘기를 체험한다. 차라리 도스토옙스키의 백치 뮈쉬킨이 아니라 할지라도, 바보가 아님을 괴로워하는 허기진 심혼에서 궁색한 정서는 깊은 사색에 빠진다. 태양의 빛이 대지에 자양분을 공급하여 생동하는 계절에, 기화요초가 만개하고 벌과 나비가 꿀을 찾아 분주한 일상 속에서, 소중한 사람에게 사랑을 베풀어준 조물주의 섭리에 감사한다.

　고요한 밤, 연인과 속삭이며 오솔길을 걷던 추억도, 잠길 듯 푸른 진양호의 침묵도, 심흉에 스미는 달빛처럼 사무치는 그리움의 심연에서 사랑은 움튼다.
　1970년, 서부 경남의 작은 도시 진주에서 조약돌을 밟으며 직장 생활을 시작하였다. 맑은 달빛이 남강의 물에 쏟아지고, 노총각은 다감한 소녀가 보물을 찾듯 두리번거리며 레테 강물에 발을 담그고, 객지의 허전한 마음속에 사랑의 글을 써야 했기 때문이다.

여인은 풀잎처럼 연약하고, 파랑새처럼 겁이 많아 애정이 시들까, 멀리 날아갈까 조심하여 접근해야 한다. 억양이 다르고 생활 풍습이 서툴러 사랑하는 서로의 교감이 더디지만, 겨자씨가 싹을 틔워 큰 나무로 성장하듯, 우리의 애정도 자양분이 풍부한 토양에 튼튼한 뿌리를 심을 수 있었다.

여인이여
함박눈의 여인이여
흰 모자를 쓴 우아한 여인이여

진주시의 겨울은 궁상스럽다. 잎 없는 나뭇가지는 서당 훈장의 회초리처럼 차갑고 초라하며, 앙칼진 겨울바람은 그곳 머슴아의 성격을 퉁명스럽게 만드나 보다.
그러나 꽃이 피고 새가 우는 봄이 오면, 파랑새는 둥지를 틀고, 종달새는 창공을 비상하며 사랑의 노래를 부른다. 청초한 들에 정열의 산딸기는 요염한 여인의 입술처럼 붉고 달콤한데, 시간과 공간에서 남강은 흐르고, 무지개 세월에서 열매는 영근다.
태양열 작열하는 여름, 겁먹은 파랑새가 나뭇가지에 앉아 나를 경계한다면 아이스크림보다 시원한 신록이라도 접근할 수 없다. 파랑새가 안심하고 받아들일 때까지 숨 막히는 더위도 참아내는 고통은 영광이기에….

타향 700일의 상념 (1972. 11)

경상도 출신 형수께서 꾸려주신 보따리를 들고 부산행 고속버스에 올라타니, 깊고 깊은 산속에서 홀로 방황하는 나그네처럼 외로움을 느낀다. 학창 시절처럼 바캉스 여행길이라면 좋으련만, 새내기 직장인의 사회 첫걸음은 두려움을 떨칠 수 없는 타향 생활로 시작한다.

부산에서 버스를 갈아타고 진주에 오니, 논개의 얼이 담겨 있는 남강 물은 도심을 가로질러 유유히 흐른다.

기러기 떼가 하늘 멀리 날아가는 가을날, 바람에 낙엽 떨어지는 가로수 밑을 서성이며 억양이 다른 도심의 정적에 휩싸인 이방인은 긴장을 풀지 못해 숨 막히는 고독의 늪에 빠져 허우적거린다. 이 밤도 막연한 그리움에 잠 못 이루며 라디오를 켜고 한밤의 음악 편지를 듣는 서른 살 노총각이다.

깊어가는 가을 밤
귀뚜라미의 애절한 울음소리는 수면을 방해하고
요염한 단풍이 소슬바람에 유혹할 때
라디오에서 들려오는 밀어

밤하늘에 수많은 별빛처럼 반짝이는 밤
정적이 고독을 잉태하고
고독이 장성하여 그리움으로 변하는 밤...

진양호에서 보트를 타고 곱디고운 산천을 보면서 정서를 살 찌우고, 다감한 소녀의 마음으로 한밤의 음악 편지에 사연을 보낸다. 이곳 아가씨의 정감 어린 방언 '에나'라는 단어에 매력을 느끼며, 하숙생은 미지의 세월을 보낸다.

노란 은행잎을 주워 책갈피에 꽂으며
청순한 소녀의 볼처럼 붉게 물드는 산야는 아름다운데
풍만한 육체를 터뜨리려는
보석 박힌 듯 석류 알은 반짝이고
된서리에 들국화 심장이 식는 가을날
기러기 떼 슬피 울며 하늘 멀리 날아가네

이 지방의 겨울은 눈이 적어 설경의 낭만을 모른다. 그래서 찾아온 겨울을 반겨주지 않으니 바쁘게 떠나버리고, 잎 없는 나뭇가지는 회초리처럼 초라해 궁색한 심혼은 허기진다.

까만 하늘에 별이 빛나는 밤
논고랑을 걸어보렵니다.
잠든 뜸부기를 깨워 찬가시키고

고독을 포식한 심혼은 나뭇가지에서
희망의 속삭임이 들려옵니다.
뇌수의 찌든 곰팡이를 소독하는
봄바람이 불어옵니다.

문화의 도시, 예술의 도시인 이곳에 봄은 안개처럼 조용히 찾아온다. 식탁에 계절에 친숙한 초록을 대하며, 늙은 하숙생은 농담으로 은근히 반찬 타박도 하고 주인의 눈치를 본다.
"고사리나물은 정력 감퇴제이니 총각이 많이 먹게."
"시금치나물도 그렇답니다."
"콩나물은 군대에서 정량을 다 먹었는데…."
반찬마다 근거 없는 영양 분석을 하다 보면 몸에 유익한 반찬을 고를 수 없다.

그럼에도 불구하고 하숙비는 6천 원으로 올린 지 1년이 안 되었는데 만 원으로 인상한다니, 하숙생들은 특별 회의를 하고자 모였다.
"방을 얻어 자취를 합시다. 당번을 정하여 교대로 밥을 한다면 재미도 있겠지요."
"좋은 생각입니다. 이 중대한 모임에 술이 없으면 안 되니, 목이나 축이며 의논합시다."
동병상련하는 하숙생들은 대포집에 모여 막걸리를 마시다 취하면 다시 하숙방으로 들어가 잠이 든다.

필자는 마지막 달력 한 장을 남긴 초겨울에 즐겁고 아기자기한 하숙 생활을 청산하고 짝을 찾아 웨딩마치를 올린다. 청명한 일요일 낮 열두 시, 우리의 결혼을 축하하려는 하객이 예식장을 가득 메우니 고마운 마음을 어찌할지 모르겠다. 감사합니다. 사랑합니다. 그리고 행복합니다.

지상紙上 반상회 (1976. 12)

　가을부터 40여 일간 전기 공사 감독 명을 받고 한 농촌을 찾을 기회가 있었다. 도시의 삭막한 공간을 벗어나 정이 묻어나는 농촌의 신선한 공기는 고향의 흔적이다. 호남의 곡창, 김제평야에 전봇대의 행렬 따라 전기 설비 공사하는 벌판이 작업장이다.

　끝없는 들에 옹골지게 알찬 벼를 보며, 어릴 적 풋콩 들어있는 윤기 자르르한 햅쌀밥 먹던 추억을 회상하니 군침이 절로 돈다. 추수가 끝난 콩밭에서 떨어져 있는 콩알을 한 알 두 알 주우며, 고향에서 땀 흘리며 농사짓는 어머니의 수고를 생각하니 콩알이 보석처럼 느껴진다. 구슬 줍듯 흩어져 있는 콩알을 한나절 줍고 제법 주머니가 두둑하게 모여, 새마을회관에 반납하였다. 마치 좀도리 쌀을 모으는 아낙네처럼 곡식을 모으는 농부의 심정으로 말이다.

　화사하던 단풍잎이 낙엽 지고, 가랑잎으로 변하여 초가집 아궁이로 사라질 때, 가을은 소리 없이 떠나고 볏단은 논두렁으로 모이는데 개천의 살얼음이 겨울을 부른다. 짧은 가을 해가 서산에 걸쳐 노을로 존재하는 오후, 밀레의 〈만종〉을 감상하려는 들에서 넓은 논바닥을 운동장 삼아 종횡무진 달리는 들쥐를 잡으려고 쫓아가니 논두렁 구멍으로 숨는다.

저 쥐들이 농민이 한 해 땀 흘려 농사한 곡식을 마음대로 훔쳐 그들의 곳간(?)에 저장하고, 겨우내 쌀밥을 먹을 텐데 농부는 속이 상할 것이다. 이참에 정부에서는 농촌의 농한기철에 농민들에게 취로사업으로 들쥐 소탕 작전을 전개하였으면 하는 바람이다. 사람들이 일용할 양식을 훔쳐 가는 쥐를 잡아, 살코기를 구워 먹는다면 훌륭한 자양분을 섭취할 수 있을 터인데, 왜 모르는지 알 수 없다.

곡식을 도둑맞지 않으려면 농촌의 주민들이 반상회에 건의하여, 새마을 사업의 일환으로 「들쥐 잡기 취로사업」은 바람직한 과업이라 생각한다. 더 추워지기 전에 삽이나 괭이로 논두렁의 쥐구멍을 수색하여 백해무익한 쥐의 서식을 차단하고, 논두렁 구멍을 막아 여름의 홍수를 대비한 방천도 하여야 할 것이다.

전봇대 행진곡 (1978. 06)

"취직 축하한다. 이제 장가도 잘 가겠구나."
회사에 입사하고 친지들의 축복 속에 용기와 소망이 충만하던 총각이다. 번개표 배지를 가슴에 달고 거리를 활보하면서 친절한 만남이 이어지니, 한전 사원의 사기는 전봇대처럼 높았다.

1970년, 전깃불이 없는 농어촌의 전화사업을 위해 들판을 행진하며 논과 밭두렁에 전주를 세우고 전선을 가설하여, 농민들이 호롱불에서 해방되는 순간을 기념하고자 마을마다 '농어촌 전화 지역 점화식'을 성대히 거행하며 축제를 열던 때, 신작로의 전봇대는 가로수처럼 늘어섰다.

"여러분들과 농어촌 전화사업에 참여하게 되어 영광입니다. 우리 함께 협력하여 훌륭한 작품을 만듭시다. 여러분은 예술가입니다. 그림과 조각 또는 문학만이 예술이 아니며, 공작물 규정에 따른 배전설비 시설도 우리에겐 예술입니다. 이곳에 우리의 작품이 존재한다면, 먼 훗날 이곳을 지나며 우리의 예술품을 감상하고 보람을 느낄 수 있을 것입니다."

농어촌 전화 사업의 현장 감독 임명을 받고, 작업 개시 전 안전 회의 중 전기원들과 나누었던 대화가 생각난다.

가난한 대한민국의 두메산골과 심산유곡에 전깃불을 밝히기 위해 전봇대를 세우며, 우리의 행진은 중단되지 않았다. 봄에는 진달래꽃 향기를 맡으며 산을 넘고, 여름에는 나무 우거진 숲속에서 매미 소리를 들으며 공사를 진행했다. 불타듯 단풍이 물드는 가을날, 농민 부부가 추수하는 농촌 풍경을 보며 밀레를 초대해 그 평화로운 모습을 그림으로 남기고 싶었다. 자연을 찬미하는 행복의 노래가 들리는, 마치 에덴동산과 같은 곳으로 말이다.

"산에는 나무가 서 있고, 밭에는 곡식이 자라네. 그리고 우리의 마음에는 사랑이 있네. 고운 단풍나무를 정원수로 심고, 계곡의 흐르는 물은 음료수로 마시며, 초가삼간은 보금자리라 욕심 없는 우리는 부러울 것 없네."

접지선을 제거하고 배전선에 전압이 걸리면, 두메산골 초가집 창에는 전깃불이 샛별처럼 빛난다.

작업을 마친 전기원들의 힘찬 발자국 소리는 영화 〈콰이강의 다리〉를 연상케 하고, 전선 위에 모여든 새들은 노래를 부르며, 겨울이 되면 은빛 눈이 내려 전봇대는 하얀 옷을 입지만, 곧 햇살에 녹아버린다.

 전 국토가 산업화 시대에 접어들고, 문명의 발달로 인해 전봇대의 수난이 시작된다. 건물 신축에 따른 지장 전주, 돌출 전주 등의 문제로 문화 수준에 밀려 천대받으며 전주의 자리는 불안해진다. 하지만 간짓대가 빨랫줄을 지탱해 주듯, 전선의 안전한 지지를 위해 전주의 존재는 인정받아야 한다.

 오늘도 신작로 변에 아스라이 늘어선 전봇대의 행렬을 바라보며, 옛 직장을 떠올리고 애틋한 향수를 참을 수 없다.

일당백—當百 (1984. 06)

　가공 배전선 설계 감독 업무를 전담하다가 배전선로 지중선화 업무를 맡게 되면서, 처음엔 전문지식이 부족해 당황스러웠다. '86 아시안게임과 '88 서울올림픽을 대비하여 경기장 주변 도로의 가공선 지중화에 따른 계통 구성 등의 사업계획을 수립하고, 지중선사업본부를 수차례 왕래하며 전문지식을 배웠다.

　설계 과정 중 작업시간을 산출하기 위해 골재 운반용 덤프트럭 타이어 소모량도 계산해야 했고, 시간당 작업량을 산출하는 부표를 작성하고, 공사비 계산 자료로 품셈을 꾸미는 등의 업무는 생소하고 복잡했지만, 내게는 숙명 같은 과업이었다.

　도로를 파서 맨홀을 타설하고 관로를 포설하는 일은 단순히 공사를 시행한다고 되는 것이 아니었다. 사업 추진의 일환으로 관할 구청과 경찰서에 도로 굴착 신청과 승인을 받고, 지하 매설물 소유 기관의 협조도 받아야 했다. 이때마다 우리는 평소 수용가 응대에서 익힌 친절과 겸손한 태도로 대관 업무에 효과를 보게 되었다.

아시안게임 주경기장 주변에서 꼬마의 손을 잡고 흥얼거리며 잠실수영장으로 향하는 여인들의 활기찬 모습과, 두더지처럼 땅을 파며 전선관을 묻는 작업자의 땀 흘리는 모습은 대조적인 풍경이었다.

강동구 남단과 경기도 광주군 일부 지역의 미개발지를 올림픽 경기장 배후 도시로 건설하기 위해 토지공사에서 택지개발 사업을 시행했는데, 신도시의 전기 설비는 지중선으로 공급하기로 확정됨에 따라 한국전력이 이를 도맡게 되었다. 예상 세대 수 2만여 호를 위한 지중선 전기설비 공사는 한전 강동지점의 역점 사업이었다.

105만여 평의 황무지를 개발하는 사업에 참여한 공사업체는 150여 개, 수백 대의 건설 장비와 수만 명의 인력이 활동하는 현장은 마치 전쟁터를 방불케 했다. 산을 절토하고 구덩이를 메우며 아파트를 건설하고 도로를 만드는 작업장에서 건설업자도, 현장 감독도, 작업자 모두가 거지 같은 모습이었으니, 그 모습은 형언할 수 없었다.

공사 현장에는 비가 어찌나 자주 내렸던지, 관로를 묻으려 파놓은 자국은 개천이 되고, 맨홀 구덩이는 방죽으로 변했다. 거푸집 조각으로 보트를 만들어 뱃놀이할 정도였다. 질퍽한 현장이라 장화가 아내보다 소중하게 느껴지기도 했다.

맨홀 타설을 위한 레미콘 차량은 수렁에 빠지기 일쑤였고, 포크레인을 이용해 콘크리트를 한 바가지씩 받아 맨홀을 타설하려니 작업이 지연될 수밖에 없었다. 입대하여 고된 군사 훈련을 받고 나면 훈련소 쪽에는 다시는 오줌도 안 누겠다고 다짐하지만, 그 시절의 추억을 인생의 귀감으로 간직하듯, 고덕동을 '고생동苦生洞'이라 투덜거리면서도 업무를 마치고 신도시에 전력 수급을 완료하였으니, 이것이야말로 한전인의 보람이 아닐 수 없다.

서울시 지도를 수정해야 할 정도의 큰 사업을 완수하고 나니, 그간의 고생은 눈 녹듯 사라지고 마음은 포근하다. 공사 기간 중 단 한 건의 안전사고 없이 대단원의 막을 내렸으니, 우리는 행복하다.

버스표 판매원의 봉사奉仕 (1985. 10)

　폭염으로 아스팔트가 녹아내리는 어느 날, 만 원짜리 지폐 한 장을 창구에 넣고 버스 토큰 7개를 주문한 후 토큰과 동전 160원만 받고 버스를 탔다. 달리는 차 속에서 주머니를 뒤져 보다 낭패감을 느꼈다. 출발하려는 버스를 타겠다는 일념에서 거스름돈 9천 원을 받지 못했던 것이다. 더구나 그 매표원은 토큰을 사는 자세가 비위에 거슬린다고 야단치는 영감이니, 못 받은 돈 찾으러 갔다가 그런 사실 없다고 잡아떼면 망신이니 말이다.

　보도 위 버스 토큰 판매소는 대개 2㎡ 정도의 알루미늄으로 조립된 작은 구조물로, 판매원이 여자인지 남자인지, 젊은이 인지 노인인지 모른 채 제비집 같은 창구로 토큰을 사기 때문에 간혹 급히 버스를 타고자 알루미늄판 위에 동전을 놓을 때 소리가 나는데, "늙은이한테 돈 좀 잘 줄 수 없소?" 하며 핀잔을 주는 판매원이기에 망설이다가, 택시 승객이 못 되는 시내버스 인생임을 처량히 여길 수밖에 없었다.

"할아버지, 제가 만 원을 드리고 토큰을 살 때 거스름돈 9천 원을 못 받았는데요."
"언제요?"
"오후 5시경입니다."
"몇 개를 샀소?"
마치 죄인을 심문하듯 하는 그분의 언행에 불안을 느끼면서,
"7개였습니다."
"당신이 틀림없군. 여기 있어요."

메모와 함께 돈을 돌려주는 매표원(그분은 정년퇴임한 인상을 주는 60대 노인이었다)은 좁은 공간에서 흐르는 땀을 주체 못 해 웃통도 벗어놓고 일을 하고 있었는데, 돈을 돌려받겠다고 찾아온 나 자신이 초라하게 느껴졌다.
메모지를 보니 이렇게 적혀 있었다.

때: 8월 17일 오후 5시경
성별: 남자
현금: 1만 원
토큰: 7개
지불: 160원
잔액: 9천 원

혹시 다른 손님에게 잘못 지불될까 봐 정확히 메모하여 틀

림없이 처리하는 자상한 어른의 서비스는 나에게 봉사정신奉仕精神을 일깨워 주는 교훈敎訓으로 다가왔고, 땀을 씻으시도록 부채를 사 드렸던 것은 내 진심이었다.

친절하기로 소문난 모 백화점 인사 담당 과장으로부터 '봉사'에 대한 강의를 들은 일이 있다. 친절을 배우기 위해 일본도 다녀왔다는 그분의 강의는 시종 인사 연습만 시키면서 "자기 백화점 사원들은 고객에게 인사를 잘하여 비싼 상품을 많이 팔고 있다"고 하였는데, 그 강사의 강의는 어쩐지 혐오감만 주었다. 한전에서 수용가에게 친절 봉사를 하는 이유는 전기를 비싸게 팔기 위함도 아니고, 사치와 허영을 조장해 에너지를 낭비하게 하기 위함도 아니다. 그분은 국민 봉사를 백화점의 상술로 착각하였으니 말이다.

한전인의 국민 봉사란, 수용가를 대할 때는 겸허한 마음으로 부모를 맞이하듯이, 사랑하는 형제를 대하듯이, 다정한 친구를 반기듯이 국민을 돕는 일이어야 하지 않을까?

강요에 의한 서비스나 감시에 의한 얄팍한 자영업자용 고객 응대가 아닌, 버스표 판매원처럼 때로는 따끔하게 꾸짖을 수 있는 근무 자세도 진정한 봉사의 수준을 높이기 위해 배제되어선 안 된다는 생각을 해 본다.

전주의 역할은 도로의 차선입니다 (1993. 09)

    어느 날, 자기 집 지붕 위를 지나는 전선을 제거하라는 부인의 요청에 따라 인입선을 철거하기 위해, 그 집 옆(공로상)에 전주를 세우려 하였다. 하지만 전기는 사용하면서 전봇대는 못 세우게 하므로, 그 동네에 전주의 필요성을 설명하여 민원을 해결하기 위해 그 마을 반상회에 참석하게 된다. 부인들만 모인 장소에 이방인이 출연하자 이상하게 여기는 주민들에게, 준비한 전기 상식 등 홍보물을 돌리며 한전에서 온 이유를 설명하였다.

    "오늘 여러분께 전기 상식을 알려 드리고, 전기를 사용하는 데 불편사항이 없는지 경청하여 도와드리고자 한전에서 찾아왔습니다. 만일 우리가 전기 없는 세상에서, 그을음이 콧구멍을 막는 등잔불이나 촛불로 캄캄한 밤을 보낸다고 생각하면 얼마나 답답할까요? 우리의 생활도, 보편화된 컴퓨터 문화도 전기의 힘 덕분입니다. 그러나 소중한 전기도 정해진 법을 지키지 않고 아무렇게나 사용된다면, 대단히 위험하다는 것을 알아야 합니다. 전선로의 전주는 차도의 차선과 같다고 하겠습니다. 아무리 넓은 도로라 해도 차선이 없다면, 앞의 차나 옆, 뒤에서 달리는 차들이 제멋대로 질주하다가 충돌 또는 추돌사고를 유발하게 될 것입니다. 차선이 자동차의 길잡이라면, 전봇대는 전기설비를 안전하게 지지하는 기둥입니다. 발전소에서 생산된 전기를 여러분의 가정까지 공급하려면, 마치 자동차가 차선을 따라 운행되듯이, 전기도 철탑을 타고 전주를 의지하여 각 가정에 도달해야 합니다. 어릴 적 시골의 넓은 마당에 빨랫줄을 매달 때, 무거운 빨래를 지탱하는 장대가 있었듯이, 전기선도 전주가 지탱해 줘야 합니다. 여러분의 가정에서 편리한 전기를 안전하게 사용하시려면, 낡고 용량이 부족한 전선을 굵은 전선으로 교체 및 신설하기 위해 이 자리에 전주를 세워야 하니, 협조해 주시기 바랍니다."

언변도 부족한 채 사명감으로 땀을 흘리며 열심히 설명하였고, 참석자들은 어느 정도 공감하면서도, 정작 "우리 집 옆만은 안 된다"는 특별시민의 아집은 꺾을 수 없었다.

70년대 초 농어촌 전화사업이 활발히 추진될 때, 농어민들은 전기를 쓴다는 일념으로 문전옥토도 기꺼이 내어 전봇대를 환영했는데, 사유지도 아닌 공로상에 전주의 존재를 반대하는 도시인의 태도는 봉사자로서 고독하기만 하다.

결국 그 집 옆에는 전주를 건주하지 못하고, 인입선을 공중분기空中分岐 방식으로 민원을 해결했지만, 전주 하나 때문에 편이 갈라진 주민들의 감정은 씻기 어려웠고, 동네의 좋은 일도 유야무야되었다.

 여름이 지나고 근무처가 바뀌며 업무에 변화가 생기니, 문득 특별시에서의 일을 떠올리며, 낙엽 위에 낙서하듯 지난날의 기록을 남겨 본다.

한여름 밤에 생긴 일 (1995. 08)

　불쾌지수가 높은 계절, 여름이다. 한전 가족들에게 조그만 웃음이라도 선사하기 위해, 우리 이웃에서 벌어진 해프닝 하나를 소개할까 한다.

　강동구 소재 D아파트 504호 주인 남자는 간이 작은 남자였다. 신혼 초부터 아내를 꽉 잡아야 하는데 그저 좋기만 한지 생밥을 해도, 양말은 짝짝을 주어도 귀엽고 다정하게만 대하다 총각 때의 황소간이 코딱지만큼 작아졌다고 한다.
　어느 날 아침, 아들 생일이니 일찍 오라는 아내의 당부를 듣고 출근했지만 퇴근하다 20년 전 군대 친구를 만나게 되었다. 둘은 어깨동무하고 보쌈집, 막걸릿집을 전전하며 흥미진진한 병영 이야기, 군대의 풋사랑 사건 등 옛날 얘기로 시간가는 줄 모르다가 밤 12시에 헤어졌단다. 허겁지겁 택시를 탄 후에야 아침 약속이 생각났으니 이 일을 어찌할꼬, 아들 생일이니 가족이 외식을 하기로 하고는 케이크도 못 사고 빈손으로 들어가니 아내의 바가지를 어떻게 참아야 하나 걱정이 태산 같더란다.

초인종을 누르고 잠시 서 있으니 찰각 자물쇠 풀리는 소리가 들렸다. 죄 지은 남자는 숨을 죽이고 현관문을 열었는데 아내는 벌써 침실로 들어가 버렸다. 뜻밖에 조용한 마누라가 고맙기만 해서, 전등을 켜지 않은 채 화장실 앞 바닥에 옷을 벗어 놓고 샤워를 하고 나서 팬티만 입은 채 살금살금 안방에 들어갔다. 불을 켜면 마누라의 잔소리가 들려올 게 뻔해 침대 밑 방바닥에 그냥 누워 잠을 자는데 얼마 후 전깃불이 켜지면서 여자의 비명소리에 깜짝 놀라 눈을 떠보니 이게 웬 일일까? 놀란 눈으로 서 있는 부인은 자기 아내가 아니고 잠이 든 방도 자기 방이 아니었단다. 벌떡 일어나 벗어놓은 옷을 대충 들고 팬티 바람으로 정신없이 밖에 나온 504호 남자. 마침내 자기 집을 찾아서 벨을 누르니 화가 난 마누라가 현관문을 열다가 서리맞은 호박잎처럼 하고 팬티만 입고 서 있는 남편을 보고 정신 나간 표정이었단다.

D아파트는 에너지 절약의 일환으로 엘리베이터를 매월 격층 운행 중인데 그때는 짝수층에 서는 달이었다고 한다. 이 504호 남자는 6층에서 내려 계단을 이용해 자기 집에 가려고 했는데 그만 술기운에 정신이 없어서 604호에 가버린 것이다! 아내에게 사건의 전말을 설명했지만 돌이킬 수 없는 실수를 한 탓에 마음은 천근만근. 아침도 못 먹고 출근한 이 남자는 생애 큰 실례를 용서받기 위해 아내와 함께 지옥 같은 604호를 방문할 수밖에 없었다.

느닷없이 한밤중에 남의 부인에게 알몸을 보인 일을 생각하면 갈 수 없었지만 그 가정은 침입자로 인해 이혼 문제까지 거론할지 모르는 상황일 테니 찾아뵙고 취중의 큰 실수를 사죄할 수밖에 없었던 것이다. 전후 사정을 설명하자 그 집 남자의 표정이 지옥의 사자에서 천국의 선지자로 변하더니 이 무단 침입자를 힘차게 포옹하였단다.

604호의 사정은 이렇다. 며칠 전부터 이 부부는 싸움 중이었는데 아내는 자정의 현관벨 소리가 당연히 남편인 줄 알고 현관 잠금 장치만 풀고 미운 남편 대하기 싫어 그냥 침대에 누웠단다. 얼마 후 진짜 남편이 와보니 현관문이 열려 있어 이상했지만 참았던 소변을 보고자 화장실로 뛰어가 시원하게 물줄기를 쏟고 있었다. 그 순간 아내의 비명 소리가 들리고 거실이 소란하였지만 용변이 끝나지 않아서 아내의 부정(?)한 장면을 보진 못했다. 그러나 외간 남자가 알몸으로 안방에서 잠을 자도록 한 자기 부인의 소행을 용서할 수 없다며 남남이 되기로 결정했다는 것이다. 그러니 전후사정을 알게 된 뒤 604호 주인이 기뻐한 건 당연할 밖에….

세월이 흐른 지금이야 우스운 추억으로 반추해 보지만 그 당시 당사자들은 어땠을까? 독자분들도 무더운 여름에 실수하지 않도록 조심하기를!

옛날의 금잔디 (1997. 12)

30촉 전등이 소중한 조명 시설이던 옛날이 있었다. 아직 전깃불이 없는 친구 집 골방의 등잔불을 이용한 그림자 놀이는 재미있었지만, 우리 집 천장에 매달린 전등 밑에서 만화책을 보며 밤을 새우기도 하던 때가 생각난다.

그때 우리 마을에는 특선特線과 일반선一般線으로 구분되는 배전 시설配電施設이 있었는데, 면장이나 지서 주임 또는 동네 유지는 밤과 낮 구분 없이 전기를 사용하는 특선 수용가特選需用家이며, 우리 집은 밤에 한시적으로 전기 혜택을 보는 일반선 수용가一般線需用家였다.

당시 그 마을 전기 회사는 1일 출장소로서 직원 한 분이 소장이며 전기원이었는데, 그분이 펀치를 허리에 차고 신작로를 활보하는 모습은 마치 서부극의 카우보이를 보는 것처럼 멋있었고, 그 마을의 유일한 2층 집보다 훨씬 높은 전봇대(12m 목주)를 올라가는 모습은 서커스를 보듯 스릴을 느끼게 했다. 나도 '다음에 한전인이 되겠다'는 결심을 한 후 20여 년 만에 한

전 직원이 되었으니, 행복한 청년이라 해야 할까?

　1969년 3월 중순, 동자동에 위치한 수도공고 교실에서 수업을 받는 발전 요원 양성생들은 처자식이 있는 가장도, 군대를 제대한 청년도, 학교를 졸업한 총각도 함께 모인 미래가 촉망되는 일꾼이었다. 교육생 월급이 3천 원으로, 일당 100원이었는데, 형수께서 싸주는 도시락을 들고 오니 점심값은 절약되고, 다방에서 40원짜리 커피 한 잔에 담배(신탄진) 한 갑 사서 피우며 합해서 100원을 지불하는, 참으로 가난해도 복이 있는 문화인이었다.

　석탄을 연료로 하는 화력발전소의 수습 직원들은 성실한 청소원이었다. 한여름 더위 먹은 셰퍼드(개)가 혀를 길게 내밀고 헐떡거리는 폭염 속, 시원한 차림의 거리 아가씨들을 호기심 가득한 눈빛으로 바라보며 각선미에 넋을 잃고, 보일러실의 버너에 장작불 피우듯 하는 뜨거운 작업은 고행이었다. 석탄가루가 쌓이는 발전소 내부를 스팀 호스로 불어내는 'Soot Blower' 청소를 하며 인내했기에, 평생직장 한전에서 세 번째 강산이 변할 만큼의 세월을 맞이하게 된다.

　교육생이 넓은 공간을 청소하느라 피곤할 때면, 석탄 분쇄기의 천둥 같은 소음도 자장가인 양 잠시 잠을 자다 들켜 혼나기도 하고, 틈만 나면 매점과 당구장에서 오락을 즐기던 수습 직원들의 우정은 다정하고 다감했었다.

그리고 서울화력발전처 매점에서 일하던 소녀도 생각난다. 그녀는 야간학교에 다니던 여고생이었는데, 양성생들의 농담에 얼굴 붉히며 부끄러워하던 수줍은 아이로 기억된다. 이제는 불혹을 넘긴 주부일 텐데, 저잣거리에서라도 다시 만날 수 있다면, 꾸밈없이 소박하고 귀엽던 그 소녀와의 추억, 그리고 청운의 꿈을 꾸던 신입 사원 시절의 정서를 함께 떠올리며, 옛날의 금잔디를 이야기하고 싶다.

만추晩秋의 계절 (2005. 10)

　매미 소리 끊이던 신록의 계절이 엊그제 같은데, 어느새 하늘엔 뭉게구름이 떠가고 울 밑에는 귀뚜라미 소리 쓸쓸히 울리는 가을이 되었다. 코스모스는 시들고, 마른 잔디 속에 화사한 들국화는 임을 기다린다. 산야는 불타는 듯 단풍이 들어, 가을은 더욱 깊어간다. 기러기 떼 하늘 멀리 날아가는 이 계절, 조물주는 지구를 캔버스 삼아 물감으로 자연을 그리는 화가처럼 느껴진다.

　빨주노초파남보.
　시인은 형형색색 아름다운 자연에 취해 시를 쓰고, 소녀는 예쁜 낙엽을 주워 책장 사이에 곱게 꽂는다. 농부는 가랑잎을 모아 내년 농사에 쓸 퇴비를 준비하느라 분주하다. 지금은 풍성한 결실의 계절이지만, 이별의 아픔이 떠오르기도 하는 시기다. 소꿉친구와의 작은 이별이나 다정한 연인과의 헤어짐이 떠오르며, 마음이 침울해지기 때문이다.

"애정 어린 눈맞춤도, 소담스러운 대화도 소중하지만 바쁘게 떠나려는 이 가을을 붙잡고 싶습니다. 그러나 가을은 한사코 떠나버리고 우리에겐 쓸쓸한 계절만이 남네요."

군 복무 시절, 구름 타고 날아가듯 진부령을 넘어 도착한 설악산. 계곡물 위에 나뭇잎을 띄우고, 가랑잎 쌓인 잔디밭에 앉아 산새들의 노래를 들었다. 그때 연인과 사랑을 속삭이며 입맞춤하던 가을날의 추억도, 이별도 떠오른다. 세월이 유수 같아, 그 석별의 아픔을 잊지 못한 채 이 가을을 사색한다.

지난 주말, 산행길 오솔길 옆에서 산비둘기 두 마리가 소나무 아래에서 연애를 하느라, 등산객이 다가가도 날아가지 않았다. 다람쥐는 나무 위로 재빠르게 달리고, 숲속 풍경은 단풍을 배경 삼아 사진 속으로 들어가고 싶을 만큼 아름다웠다. 다시는 돌아오지 않을 지금 이 순간을 기록해 두고 싶은 마음이었다.

농사를 모르던 아내가 전원 도시로 이사한 후, 밭을 가꾸는 즐거움에 눈을 떴다. 여름이면 오이가 열리고, 토마토가 익고, 애호박을 따다 된장국을 끓여 먹고, 상추쌈에 입맛을 돋우었다. 추수의 계절에는 붉은 고추를 마당에 널어놓고, 여름 내내 고생한 밭에서 넝쿨째 걷어낸 고구마를 캐는 재미도 솔솔하다. 작년에는 아내를 도와 김장도 담갔다. 벌레 먹어 구멍 뚫린 배추 잎일지라도, 가족이 함께 정성껏 물을 주며 땀 흘려 수확한 채소이기에 더욱 보람찼다.

밭에서 뽑아온 무를 채 썰고, 까나리액젓과 고춧가루를 섞어 양념을 만들었다. 숨 죽은 배춧잎에 풀 칠하듯 버무려 밭 한가운데 묻어둔 항아리에 담아두었다. 겨울 동안 꺼내 먹을 반찬으로, 식구들의 입맛을 책임지는 저장식품이다.

직장을 은퇴하고 나니, 집안의 대장은 아내가 되었다. 아내의 명령에 복종하는 순한 남편인 나는, 우리가 수확한 콩을 삶아 메주를 만들라는 아내의 말에 따라, 고향에서 농부로 살던 어린 시절을 떠올리며 메주 만들기에 나선다. 햇살 따사로운 봄날이면 아내가 간장을 달이고, 자양분 풍부한 된장도 만들어 우리 가족의 밥상에 건강한 음식으로 올려놓는다.

우리 가족은 10여 명의 대식구였기에 하루 날을 정해 1년치 간장을 준비했었다. 어머니 곁에서, 찹쌀밥을 섞어 만든 고추장용 메주 조각을 맛있게 얻어먹던 그때가 그립다. 작은 절구통에 삶은 콩을 넣고 찧은 뒤 도마 위에서 주물러 메주 조각을 만들고, 논에서 가져온 볏짚 위에 말린다. 새끼를 꼬아 베란다에 매달아 겨울 동안 말리고, 물을 채운 항아리에 소금을 적당히 넣어 메주를 띄운다. 숯과 고추도 함께 넣어 부패를 막는다.

사색의 샘가에서 "가을이 너무 짧다"고 불평하지만, 이는 무지한 자의 푸념일 뿐, 계절의 변화는 창조와 소멸을 거듭하며, 새로운 희망의 조건을 마련하고 있을 것이다.

자전거 접촉사고 (2014. 07)

2014년 7월 5일 오전, 자전거 페달을 밟으며 망중한을 즐기는 중 앞에서 급히 달려오던 자전거와 접촉사고를 당했다. 나는 70대 노인이며, 자전거는 단순 취미용으로 속력을 내지 못하는 처지였다. 반면, 상대는 50대의 건장한 남성으로 빠른 속도로 달려오는 자전거를 타고 있어 피할 수 없었다. 정차하는 순간 상대의 왼쪽 손목(핸들을 잡고 있던)이 내 자전거의 왼쪽 핸들을 받아 중심을 잃고 자전거와 함께 쓰러졌다.

상대는 자기 손에 타박상(자신이 만들어낸 미미한 상처로 보이지만)을 보이며 나에게 욕설과 "괘씸하다"는 말을 반복하고, 폭행할 것처럼 날뛰었다. 겁에 질린 나는 치료해 주겠다고 했으나, 상대는 "치료비뿐만 아니라 육체적, 정신적 손해배상"이라는 황당한 조건을 강요했다. 이에 불응하고 경찰서에 신고하려고 함께 가게 되었다. 경찰서로 향하던 중 상대는 "사소한 일로 경찰서까지 갈 것이 아니라 타협하자"는 제안을 했다. 요구 사항이 무엇이냐고 물으니 "자기는 대학교수"라며 핵심

요구 조건 없이 시간을 지연시켰다. 가족과의 약속도 있고 빨리 자리를 피하려는 일념으로 지갑에서 5만 원을 꺼내 상대의 주머니에 넣어주었다. 받아서 끝난 줄 알고 헤어지려 했으나 상대는 병원에 가자고 다시 요구했다. 근처 우신정형외과에서 X-ray를 찍고 물리치료를 3일 정도 받으라는 의사의 진료 소견을 들었다. 당일 치료비(15,000원)는 내가 지불했고, 이후 2일의 치료비를 선납하려 했으나 치료비 선납은 불가하다고 했다. 상대에게 준 5만 원이면 충분하다고 판단하여 돌아왔다(1일 치료비 약 5,000원 예상).

사건은 끝난 줄 알았지만 상대는 집요했다. 자신이 피해자라며 "어떻게 할 거냐?"고 휴대폰 문자를 보내왔고, 만나자고 하여 "문화원 정문에서 만나자"는 메시지를 받고 만났다. 그러나 상대의 무리한 배상 조건을 굽히지 않아 합의할 수 없었고, 다음 날 송파경찰서 교통사고 담당 부서에 신고했다. 7월 13일, 쌍방이 참석한 가운데 담당 경찰관의 현장 검증이 이루어졌다. 나는 큰 과실로 판정되더라도 법의 심판을 양심적으로 수용하겠다고 다짐하며 "쌍방 과실" 판정을 예상했다. 이는 사건 경위를 들은 지인들의 일반적 견해 때문이었다.

경찰관은 차도 양편 보도 옆 자전거도로(진행 방향 자전거 그림과 표기)를 안내하며 확인시켰다. 자전거 일방 도로에서 나는 정상 주행(차도 우측 도로)이었고, 상대는 역주행을 했던 사실이 명확히 드러났다. 나를 걱정하며 위로해 준 지인들과 가장家長의 시련을 함께 고민해 준 가족에게 고마운 마음이다. 상대는 나에게 "역지사지易地思之"에 입각해 행동하라고 억지를 부렸지만, 지금 그자가 꼭 실천해야 할 본분이 바로 역지사지라고 강조하고 싶은 심정이다.

이 사연을 공개하려는 이유는 자전거 접촉 같은 사소한 사건도 공갈과 협박으로 이어질 수 있음을 알리기 위해서다. 귀찮거나 두려워서, 혹은 시간 낭비라고 생각해 불의에 굴복하지 말고, 공권력에 신고해야 한다는 신념을 전하고 싶다. 또한 본 사건을 교통법규에 따라 공정하게 처리해 주신 경찰관께 깊이 감사드린다.

승용차를 처분하고 (2021. 04)

나이를 먹으니 마음대로 할 수 없는 상황이 연속적으로 발생하여 당황스럽다. 아파트 주차장에서 차를 빼다 기둥에 받혀 찌그러진 흉물이 된 내 차를 보고 속상하고, 운전 경력 50년인데도 순발력이나 인지능력이 모자라 부끄러운 행동으로 망신을 겪는다. 특히 시내 주행하면서 차선을 바꿀 때마다 아찔한 위험 상황을 몇 번이나 겪었다. 이쯤에서 주제넘는 운전을 하다가 불행한 사고를 유발하기 전에 아쉽지만 큰마음 먹고 차를 처분했다. 하지만 후련한 마음과 함께 아쉬운 감정은 지난날 승용차를 소유하며 체험했던 추억을 내심 그리움으로 불러온다.

1986년에 처음 승용차를 구입했다. 당시 대우자동차에서 생산한 최신모델 '르망'이란 차를 소유하면서 우리 가족은 세상을 다 얻은 듯 신이 났다. 그때 구입한 승용차를 운송한 자가 누군지 모르지만, 그를 따라간 어느 카센터에서 감언이설에 속아 새 차에 멋 부린다고 치장했던 조잡한 장식물은 초보 운

전자의 수치스런 선택으로 기억된다.

　새 차로 가까이 사는 직원들과 카풀로 출근하면서 동료애를 공유하는 것도 즐거웠다. 주말이면 처제네 가족과 정원을 초과한 8명이나 승차하여 산하를 누비고 다니던 시절은 승용차를 소유한 낭만의 전성기였다.
　추석 명절 귀성 길엔 차량 정체 시간을 피한다고 새벽 3시에 잠든 아이들을 깨워 태우고 호남선 고속도로를 달리려다, 오히려 옴짝달싹 못하고 12시간을 도로에 갇혔었다, 오후가 되어서야 고향에 도착하니 형제들은 벌써 성묘를 다 마쳐 난감했다, 하지만 어머님은 무사한 귀성이 반갑다며 손자 손녀를 안아주시던 모습이 지금도 눈에 선하다.

　어느 해인가 8월 1일에 친척 세 가족이 강원도 화엄 약수터 산장으로 여름휴가를 떠났었다. 한데 어찌나 많은 피서 차량이 한꺼번에 몰렸던지 심한 정체로 오랜 뙤약볕에 자동차 엔진이 꺼져버려 큰 낭패도 당했다. 이 시기에 서울 지역 자영업자들이 일제히 여름휴가를 간다는 사실을 몰라서였는데, 그 후로 바캉스 계획을 8월 1일만은 꼭 피하게 되었다.

　승용차가 있기에 삼천리 금수강산을 찾는 가족여행이 행복했다. 운전대를 차지하고 아슬아슬 불안한 운전을 뽐내던 아내도 세월의 흐름에 손을 들어 이제는 운전석에 앉으려 하지 않는다. 자식들도 성장해 부모 곁을 떠나 가정들을 이루니, 어느새 쓸 일이 별로 없어진 자동차는 허구한 날 아파트 주차장에 팽개쳐진 애물단지일 뿐이다. 눈이 어둡고 귀가 안 들리니 순발력도 떨어져 주차선 안에 바른 주차도 어려워서, 차는 세워두고 자전거로 교통수단을 대신하게도 된다. 급기야 신체적, 정신적 주제 파악을 하면서 애용하던 자가용 차를 처분하기로 결심했다.

마침내 바캉스 여행 계획도 없는 무료하고 답답한 여름날 애물단지 승용차를 팔았다. 자동차세와 자동차 보험료의 환급을 받으니 갑자기 기분이 좋았다. 또 건강보험에 승용차 소유 여부가 적용된다. 이 또한 이득이다.

옛적 내 어릴 때는 짚신을 삼아 신던 어른도 계셨다. 농한기면 나무하러 산에 가는 일꾼은 여벌의 짚신을 지게에 매달고 가다가 바꿔 신으며 몇십 리 산길을 오갔다. 다행히 짚신 세대를 벗어난 나는 왕자표 검정 고무신을 신었다. 그때 낡아 찢어진 고무신에 헝겊을 대어 정성껏 꿰매주시던 어머니를 회상하면 어느새 내 늙어버린 신세가 안타깝기만 하다. 또한 지게로만 짐을 운반해야 했던 농촌에 소달구지의 출현은 그 시절 대단한 운송 문화의 발전이었다.

세월 따라 희망과 어릴 적 낭만은 빼앗겼지만 손주들의 성장을 보면서 늙어버린 허전함을 달랜다. 열 살짜리 손자에게 궁색했던 내 어린 시절 이야기를 해주면 "고무신 말고 운동화 신으면 되잖아요."라 한다. 그 시절의 애잔한 추억은 손자에겐 뜬금없는 전설로 들릴 게다. 때로는 승용차뿐만 아니라 문명의 이기들이 불편할 때가 있다. 삼십 리 사십 리 길을 걸어 다니고 놀이기구도 없이 달리기하고 철봉에 매달리던 어린 시절이 마냥 그립다.

남쪽 섬마을에 천사대교가 개통되었단다. 사랑대교가 열리고 풍족한 먹을거리와 꽃피고 새 노래하는 자연을 찾아 구경 오라는 유혹이 여기저기서 들려온다. 승용차가 없어 조금은 아쉽다. 하지만 그걸 핑계로 가끔씩 자식들의 배려를 받게 되니 이 또한 승용차를 처분한 덕이 아닌가.

호랑이 담배 피우던 시절의 추억 (2022. 09)

옛날 농촌에는 담배를 재배하는 농가가 많았다. 큰 수고 없이도 잘 자라는 담뱃잎을 정부 기관에서 수매했고, 농민들의 수입은 쏠쏠했다. 담배를 쉽게 생산하는 농부들은 거의 모두 담배를 피우며 지냈다. 봉초 담배가루를 엷은 종이에 말아 피우거나, 고상한 노인은 대나무 담뱃대에 담뱃잎을 넣고 부싯돌로 불을 붙인 뒤, 그것을 빨면 대나무 줄기를 거쳐 하얀 연기가 멋지게 피어오르는 장면이 신기하기도 했다.

농부에게 흡연은 필수인 양 여겨지던 시절이었는지, 아무리 바쁜 농사철에도 일꾼들은 담배 피울 권리를 향유하였다. 풍년초라 하여 품삯 외에 담배를 배분하였으며, 일꾼마다 배급 받은 봉지에서 엄지와 검지로 담배가루를 집어 모아 엷은 종이에 싸고, 침을 발라 말아서 흡연을 즐겼다. 지금 생각하면, 바쁜 농번기에 논두렁에 앉아 봉초를 말아 피우며 허송세월 농사짓던 행위가 비생산적인 농가 소득으로 기억된다.

필자도 20대에 군대 생활을 하며 배급받은 화랑담배로 담배를 배웠다. 담배를 나눠 피울 때 전우애는 돈독해지고, 어울리기 위한 수단이자 외로움을 극복하려는 몸부림이었다. 사실 맛은 모르면서, 건방진 멋(?)에 취해 흡연했나 싶다. 맥아더 장군이 파이프담배를 입에 물고 선 늠름한 모습, 혹은 영국 처칠 수상이 손가락만큼 굵은 시가를 피우는 풍모風貌에서 경외심이 우러나던 때도 있었다.

총각 때, 지방 소도시에서 직장 생활을 하던 시절에는 술을 못해 술집보다 다방에서 TV 영화를 감상하곤 했고, 단골 손님 지위를 얻기 위해 다방 출입을 번질나게 즐겨야 했다. 당시 커피값은 40원, 은하수담배는 60원, 청자담배는 100원 하던 시절이었다. 그 시절 인기 있는 담배를 마담이 교묘히 구입해 놓고 단골손님에게 은밀히 판매했는데, 황금색 청자담배 한 보루를 확보하는 것이 마담이 선택한 VIP 손님의 기준이었다. 다방의 귀빈 자격은 커피는 물론, 아침에 계란 노른자가 찻잔에 잠긴 쌍화차를 살 줄 아는 손님만 누릴 수 있는 호사였다.

차차 담배가 인체에 유해하다는 인식이 생겼지만, 연애 시절 애인이 사 준 라이터에 대한 미련 때문에 금연을 망설였던 기억도 있다. 그녀가 선물한 라이터는 일본제 크라운 전자라이터로, 버튼을 누르면 '탱, 탱' 소리가 경쾌하게 울리며 마치 그녀의 속삭임을 듣는 듯해 애용하던 귀중한 소지품이었다.

하숙방에서 잠 못 드는 밤, 라디오 방송 〈한밤의 음악편지〉에 사연을 띄우며 개똥철학자라도 된 듯 '흡연은 침묵의 자양분이며, 사색의 옹달샘'이라고 담배의 매력을 칭송하고, 안개처럼 퍼지는 연기를 따라 그리움의 꿈속을 헤매던 시절이 그립다.

6·25 사변 당시 열여섯 살 나이로 전장戰場에 끌려가, 죽음의 공포와 적막강산의 외로움을 흡연으로 극복하던 소년이 어느덧 60년 이상 담배를 피우다가 끊게 된 계기를 들은 기억이 있다. 그분은 아내가 폐암 투병 중인데도 금연禁煙을 단행하지 못하고, 궂은비 내리는 저녁 무렵 아파트 현관에서 어둠 속을 향해 담배 연기를 내뿜고 있었다. 그때 "아저씨, 담뱃불 좀 빌려 주세요."라며 20대로 보이는 청년이 다가왔다. 손자 또래의 청년이 할아버지에게 맞담배를 청하다니, 신세가 처참하고 기가 막혀 그 자리에서 담배꽁초를 패대기쳤고, 결국 금연에 성공할 수 있었다는 사연이다.

어느 문학 평론가는 금연 후 6개월 동안 금단 현상으로 인해 글을 쓰지 못해 고초를 겪었다고 한다. 작가들이 보내온 신간 시와 소설이 책상에 쌓여 있음에도, 좋은 작품을 찾아 관조하며 작가의 사고력과 구성에 대한 통찰력으로 비평하려 해도 흡연의 미련 때문에 문학적 사유가 흐려져, 독자가 공감할 만한 평론을 완성하지 못했다고 한다. 그럼에도 아동문학가 마해송 선생은 담배를 즐겨 피우며 주옥같은 문학 작품을 발표했다. 하지만 담배 때문에 61년(1901~1966)의 짧은 생애를 살았으니, 그를 숭배하던 자로서 애달픈 심정이다.

나 역시 44년 전, 질병으로 입원했던 병실에서 주치의에게 병의 근본 원인을 물었고, 흡연 때문일 수 있다는 답변을 듣고 피우던 담배를 단호히 끊을 수 있었다. 지금까지 생존하고 있는 이유가 담배를 끊었기 때문인지 모르겠지만, "담배는 모든 병의 근원이자 백해무익한 존재"라는 격언은 의학적 상식이다. 금연을 위한 사회제도와 건전한 환경 조성은 바람직한 현상이라 하겠다.

내가 살아온 여정에서 사물에 대한 소유와 상실을 겪으며 그리움, 아쉬움, 그리고 애착을 느끼지만, 담배의 추억만은 미련 없이 연기처럼 사라지기를…

04
나의 벗

선배님 친구여 아우여 (1978. 06)

　참말로 긴 침묵입니다. 정들었던 마을 다정하던 당신들과 헤어지고 사색의 강산을 떠나니 고독의 늪에 빠졌답니다. 우리의 만남이 시작할 때는 부끄러운 단점은 숨기고 허울 좋은 장점을 내세워 당신의 사랑을 받으며 우리는 친했습니다. 그러다가 내면의 허물이 불현듯 노출되니 당황스럽고 불안하여 당신 앞에 설 수 없었나 합니다. 타향에서 막연한 그리움의 병으로 신음하는 자는 고향을 찬미하며 그리움의 글을 써 보지만 우리의 간격은 좁혀질 수 없나 봅니다. 사람들이 부모님 생전에 자식의 본분을 망각하고 돌아가신 후 통회의 세월은 소용없는데도 물질 문명의 다양화에서 인정이 자리할 공간은 좁아지고 있으니까요.

　즐거웠던 시절 슬프던 순간이 과거의 사연일 뿐 심흉 깊이 추억을 끄집어내어 소담스런 관계를 복원하고 싶군요. 수양버들 늘어진 〈한벽루〉에서 얼큰한 오무가리탕에 소주잔을 주고받으며 세월을 노래하면서 교제하던 시절이 그립습니다. 그곳에서 홍안의 청년들이 예비군 훈련장으로 향하는 트럭에서 〈멋진 산 색시〉란 유행가를 열창하며 우리는 청춘을 가꾸었습니다. 전기공사 현장을 따라 산 넘고 물 건너며 행군할 때 종달새 노래 듣던 봄날도, 매미의 찬가 요란한 여름에도 가지가 찢어지게 열린 감이 익는 가을에는 풍만한 육체를 터트리려는 듯 사랑이 영급니다. 설향雪鄕의 고장에서 함박눈 내리는 날 여인과 속삭이며 걷던 눈밭을 겨울이 오면 볼 수 있겠지요

내가 존재하는 서울은 만원입니다. 출근 때는 버스라는 시루에서 콩나물 신세를 면치 못하여 거북한 밀착(?)을 피할 수 없어 민망하지만, 콩나물은 감정이 없기때문에 또 버스를 타야 합니다. 어느새 여름이 시작됩니다. 콘크리트 건물은 바람을 막아 찜통 도시가 되고 태양열에 아스팔트 녹아나는 거리에서 일반전기사업으로 도시의 미래를 건설하려는 희망이 있으니 행복합니다.

말띠 인생이여
그리고 선배님 아우님
건투를 빕니다.

사색의 계절에 (1993. 08)

　코스모스 예쁜 들에서 고추잠자리 잡는 소년의 눈망울이 방죽의 연잎에 물방울처럼 맺혀 있는 해맑은 가을에, 초등학교 국어책에서 읽어 본 동요를 생각해 본다.

　바람아, 바람아, 불어라
　대추야, 대추야, 떨어져라
　아이야, 아이야, 주워라
　어른아, 어른아, 잡서라

　고향의 가을 풍경은 자연의 서사시다. 장독대 옆 나무의 석류 열매가 껍질을 터뜨릴 때, 한복 입은 처녀의 겨드랑이 속살처럼 수줍은 신비 속에 쏟아질 듯 수정 같은 석류알을 보면서 시디신 참을 삼킨다.
　8월 한가위날, 아버지를 따라 오솔길을 걸어서 조상의 묘소에 성묘하고, 솔밭에 숨어 자라는 송이버섯을 따다가 나물로 무쳐 햇콩 넣은 햅쌀밥과 함께 먹는 풍성한 계절이다.

감이 익는 나무에서 장두감을 따는 아이의 무지개 낭만이 그리울 때, 황금 들판에서 추수하는 농부의 적삼에 땀이 젖는 결실의 계절이 오면 정년퇴임하신 선배님이 그리워진다. 그분이 가시는 길 가로수의 은행잎도, 북한산에 불타는 곱디고운 단풍을 바라보는 마음도 서운한 감정을 달랠 수 없다. 그분은 높은 권세를 사랑으로 감추고, 독선과 아집보다 친화와 포용으로 사무실 분위기를 밝게 하는 참으로 존경받는 어른으로 뇌리에 기억된다.

88년 서울올림픽 때 경기장 전력 확보를 위한 그분의 노력, 84년과 90년 강동 지역 홍수 피해 때 밤잠을 자지 않고 전기 고장을 복구하시던 봉사정신은 한전인의 귀감이라 할 만했는데, 세월이 지나면 다시는 돌아올 수 없는 일터에 대한 애틋한 향수와 인정 어린 추억으로 간직되는 날이 얼마나 될까 생각하며, 3년 전 퇴임하신 선배님을 불러 본다.

선배님, 인간에게 능력은 유한한데 항상 정력적으로 행동하고 생각하며, 업무의 지혜는 마음속 옹달샘에서 퍼오고, 힘든 일도 거침없이 처리하여 믿음 주시던 선배님이 떠나신 후에도 세월은 지나는군요.
정년퇴임식 날, 선배님이 겸양의 자세로 회사에 감사함과 후배들에게 석별의 말씀을 전하실 때, 우리의 심금을 울렸습니다.

선배님은 편견과 아집을 배척하고, 지성과 교양의 자양분으로 후배를 가르치셨던 고마운 분이기에 고샅에서 마주치면 붙잡고 사랑도 받고, 선배님의 지혜를 더 배워서 남은 미래를 소망으로 가꾸고 싶은 마음입니다.

그러나 선배님은 이제 분주한 저잣거리에서도 뵐 수 없군요.

낙엽 지는 날, 어릴 적 초가집 마루 밑에 귀뚜라미 울어 대는 가을밤마다 들려오던 이름 모를 민요를 불러 본다.

스무하루 이 밤은 월급 타는 밤
실 뽑는 어머니가 월급 타는 밤
오동나무 숲속의 높은 굴뚝에
동짓달 조각달만 밝아오는데
어머니는 어디서 무얼 하시고
이 밤이 깊어 가도 아니 오시나

나의 직장, 나의 한전에서의 희로애락을 가슴속에 간직하고, 한가할 때면 틈틈이 꺼내 보며 행복한 황혼을 누리고 싶다.

동창회 (1995. 01)

　겨울이 시작되는 어느 날, 국민학교 동창회가 있으니 꼭 참석해 달라는 통지서가 날아왔다. 그 어릴 적 '나의 살던 고향'을 부르며 냇가에서 발가벗고 멱감던 친구들을 만날 생각을 하니 더욱 그리운 마음에 가슴이 설레었다. 몇몇 친구들과 연락을 취한 후 우리들은 열차를 타고 내려가기로 했다. 그런데 열차표를 살 수 없어 결국엔 승용차로 가기로 했다. 중부고속도로와 호남고속도로를 달리는 고향길에서 가슴속 깊이 간직된 추억을 꺼내 즐겁게 이야기하며 남쪽으로 남쪽으로 달리기로 했다.

　개교한 지 84주년의 역사를 자랑하고 있는 나의 모교는 전라북도 서남단 작은 고을 면 소재지에 위치해 있다. 주변엔 울창한 소나무가 숲을 이루고 수년 된 느티나무 동산이 있다. 그곳에서 우린 맘껏 꿈을 키우며 소년 시절을 보냈다. 그때의 친구들은 가난하고 배고픈 시절에 소학교를 졸업한 후 지금은 제각기 흩어져 살고 있다. 문득문득 그리워지곤 했는데 40년

만의 만남이라니 꽤나 기대가 되었다. 이제 그때의 소년들은 어린이 되고 손자까지 본 친구가 있는가 하면 벌써 홀아비나 과부가 된 친구가 있다니 세월의 무상함을 실감한다.

국민학교 6학년 때 장가간 친구가 있었는데 어찌나 우리가 놀려댔던지 며칠 동안 학교에 나오질 않기도 했다. 지금은 그 아내와 사별하고 고독을 벗삼아 살고 있다고 한다. 또 여자 동창생 중 가슴이 유난히 큰 친구가 있었는데, 운동회 날이면 그 애의 파도처럼 출렁이며 달리는 젖가슴을 주시하며 우리는 얼마나 배꼽을 잡고 웃었는지 모른다.

동창회 장소는 '선운사.' 송창식의 노래 〈선운사에 가신 적이 있나요〉로 널리 알려진 전라북도 도립공원이다. 선운사는 어린 시절 유일하게 소풍 오던 곳이었다. 우리는 복낙원이라는 식당에서 모였다. 복낙원은 기암괴석과 기화요초 등 주위의 경치도 아름답지만 풍천장어로 더 유명하다. 심심산천 골짜기에서 흐르는 물이 서해 바닷물과 합치는 곳에서 서식하는 장어를 잡아 고추장 발라 구워 먹노라면 그 맛이 일품이다. 그러나 어린 시절 가난한 우리들은 못 먹었기에 오늘 실컷 먹고자 이곳에 모인 것이다.

많은 친구들이 모였다. 소학교 때 장가간 친구, 홀로된 친구, 짝사랑했던 그 친구, 우리는 반가워 악수하고 못다 한 옛 얘기를 하느라 시간 가는 줄 몰랐다. 오늘 동창회의 스타는 이제까지 독신으로 지내는 말띠 처녀. 그녀는 소녀처럼 아름다운 목소리로 가곡을 선사했다. 또한 그녀는 성별을 구별 않는 털털한 친구이기에 부담이 없다. 영원한 친구로 기억되리라. 빈 가지가 꾸밈없이 자태를 자랑하고 있고, 언제 필지 모르는 동백나무는 푸른 잎만이 무성하다. 우리는 또 한 번 선운사에 추억을 남기고 헤어졌다. 다음 만남은 언제가 될지 기약은 없지만 돌아오는 길은 마냥 행복하기만 했다. 늘 아름다운 추억이 숨 쉬고 있는 고향이 있으니….

친구야 친구야 (2010. 08)

"저녁 식사 후 허물없이 찾아가 차를 마시며 대화할 친구가 그립다"는 어느 시인의 말이 생각나는 계절이다. 젊은 시절 가을이면 독서와 사색하며 꿈꾸던 청춘이었지만 이제 가랑잎 뚝뚝 떨어지는 지금 하늘 멀리 날아가는 기러기처럼 쓸쓸한 자아를 벗어나 아름다운 노을로 가꾸고자 친구들이 그리워진다. 소꿉놀이하다 싸우고 토라져 '너하고 안 놀아' 하며 떠나는 동무와 영영 이별인 줄로 생각하고 슬퍼하던 어린 시절의 감정이 새삼스러운 것은, 이제 마누라 다음으로 친구가 소중한 존재이기 때문이다.

밑돌회 총회 날 서울에서, 군산에서, 전주에서, 달려온 친구들과 다정한 만남이 우리의 바람이다. 동무들은 태생이 촌놈들이라 가식이 없다. 이놈 저놈 부르고 친구의 별장이 숙소인데 새 이부자리 속에서의 하룻밤은 옛날 추억이 영글듯 초롱초롱 홍안의 청년으로 회춘하려는 몸부림하며, 무지개 꿈속에서 살고 싶으니 말이다.

우연이라 할지라도 회사란 공간에서 만난 8명의 동년배 머슴아가 이심전심 30년 넘겨 친교하며 우정을 나누더니 지금은 묵은 김치처럼 새콤하고 진득한 우정이 묻어나는 밑돌회가 자랑스럽다.

  IMF 시절 한시 퇴직자나, 세월 따라 정년퇴직자는 밑돌회 모임이 있는 날이면 명절에 고향 가는 심정으로 수선을 피운다. 느림보 고속도로를 엉금엉금 달려서 전라북도 진안의 청정 시골에 모이니 석양을 뒤로한 채 우뚝 솟은 마이산이 우릴 반긴다. 산에 오르니 이곳저곳 산 구석에는 신의 작품인 듯 정교하게 쌓은 석탑이 신비롭고 예불 시간을 알리는 북소리가 메아리 되어 산하를 울린다.

  금복회관은 도회지의 화려한 식당은 아니지만 음식 맛은 일품이라 풍월은 안 울려도 공기 맑은 고장에서 한국적 토종 음식에 무공해 청정 식품으로 차린 식단이 향연이었다.
  전라북도 진안군 민속음식 애저(젖 떨어지기 전의 돼지 새끼)의 맛이 일미이고 토종닭 백숙 맛도 기가 막혔다. 식당 주인이 휴가 올 아들 몫으로 보관해 둔 한우 등심까지 아낌없이 내놓아, 푸짐한 식탁에 복분자 술잔을 비우며 흥이 돋는 공간에서 허심탄회한 늙은 동반자들의 손자손녀 자랑소리는 약방의 감초처럼 빠질 수 없다.
  유난히 마시고 취하여 흥겨워하는 친구가 고마운데, 알고 보니 37세 노처녀 딸 정혼하여 어찌나 좋은지 천하를 얻은 양 행복한 시간을 즐겁게 공유하고 싶다는 아비의 심정을 이해하며 이 밤이 새도록 축복의 잔을 나눠야 했다.

나이 예순여섯에 전기공학박사 학위를 성취한 친구는 밑돌회 회장으로서 모두의 귀감이다. 그의 아내 또한 살가운 부인이며 스스럼없이 모임에 평화를 가꾸는 선각자이기에 허물없고 친절한 여인이다.

뻐꾸기 노래하는 산이 있고 송사리 떼 헤엄치는 개천이 흐르는 들에 멧돼지 먹이 찾아 나오고 국화 향기 그윽한 만추의 계절에 대자연의 심장에 언덕 위 하얀 집은 보금자리였다.

들 건너 잔잔한 호수가 보이고 폭신한 잔디 깔린 언덕 위에 별장을 지어 살면서 텃밭을 가꿔 파종하고 친환경 삶을 영위하는 친구가 오늘은 동무들을 초대하였다. 밭에서 캔 고구마를 은박지에 싸서 장작불 온화한 벽난로에 굽고 아내와 함께 생일 케이크를 자르면서 연애 시절을 회상해 본다.

"진달래꽃처럼 화사한 자태에
사랑을 느껴 포옹하며
석류 빛 고운 당신의 볼에
살며시 입 맞추던 아스라이 세월입니다.
참 고맙소.
괴팍하고 어설픈 머슴아 곁에서

37년 인고의 세월을 견딘 당신에게 말이오.
정열의 단풍이 낙엽 지더라도
국화 향기 그윽한 만추의 계절에
친구들의 축복 받으며 말하렵니다.
사랑합니다."

산골의 까만 밤하늘에 은하수는 보석처럼 반짝이는데 금방 별가루가 하늘에서 쏟아져 심흉에 박힐까 봐 아슬아슬 신비스런 밤은 깊어만 간다. 흙에서 자란 촌놈이기에 도회지의 공해를 피해 귀농 연습 하려는지 고향의 농토에서 농사지어 알찬 콩을 수확하였다며 동무들께 유기농 곡식을 나눠주니 천고마비의 계절에는 벗 덕택에 맛난 콩밥을 먹고 살이나 좀 쪄보자.

직장생활 할 때는 업무에 쫓기고 처자식과 가정을 가꾸어야 했기에 한눈팔 새 없이 열심히 살다 보니 소원했지만, 이제는 진주처럼 소중한 친구들과 소담스런 만남이 있기에 외롭지 않다. 밖에 된서리 쌓이는 동짓달 깊은 밤인데 친구들과 우정의 옹달샘은 새벽으로 넘쳐흐른다.

동무 생각 (2019. 10)

    이 가을에 아름다운 금수강산을 그리운 벗과 함께 공유하면서 함께 뛰놀던 그리운 산하를 생각하며 글을 쓰련다. 산야에 물감 뿌리는 양 물드는 단풍을 찬미하고 영혼까지 함께할 우정을 소유하고 싶어서다.

    동무들과 천방지축 뛰놀던 소년 시절에는 푸르고 신선한 계절 여름날의 추억이 뇌리에 남아 생동감이 넘쳐 언제나 청춘인 줄 알고 좋았다. 개구쟁이는 여름날 방죽에 풍덩 뛰어들어 미역 감고 참외, 수박 서리를 즐기며 매미나 방아깨비 잡아 놀려대고 밤에는 반딧불이 따라서 논두렁길을 걷다가 까만 하늘에 신비로운 별의 정체에 흘려 꿈꾸며 사색하던 사춘기의 야릇한 그리움에 몸부림치던 추억도 생각난다. 소년들은 어깨동무하고 해 지는 줄 모르면서 흙바닥에서 뛰놀던 영원한 동무이고 고향의 풍경은 순수하여 오래오래 마음속 저장고에 보관하였다가 그리울 때 꺼내 보던 시절이 소박한 추억이었다. 하늘에는 별, 달이 뜨고 우리에게 야릇한 사랑이 움트는 사춘기의 순수함이 막연한 그리움을 꿈꾸던 시절이 지금도 그립고 그립다.

이제 늙으니 젊은 시절과 달리 더위를 이길 수 없어 가을을 기다리며 청춘 시절의 마음속에 간직한 영혼의 양식을 꺼내 다정한 벗과 함께 즐기며 바쁜 세월을 붙잡아 두고 싶다. 고추잠자리가 코스모스에 앉아 쉬려 할 때 심술 난 추풍이 꽃을 흔들면 깜짝 놀라 하늘로 날고 여름에 핀 장미꽃보다 우아한 들국화의 자태에 반했는지 토종벌이 국화 향기 취하는 너와 나의 고향 가을산천이 그리워지는 계절이지만 가버린 세월이 애틋한 사연만 남겨둔 시절을 생각하니 우울한 심사인가 보다.

일제 식민지에서 태어난 동년배 친구의 아버지는 징용에 끌려가고 방직공장에서 일하는 어머니를 기다리는 소년의 애잔한 노랫소리 심금 울리는데 고향의 하늘에서 기러기 떼 처량한 울며 멀리멀리 날아가는 풍경이나 울 밑의 귀뚜라미 구슬픈 소리 들리는 가을은 우수(憂愁)의 계절(季節)이기에 쓸쓸하고 허무한 이때를 벗어나지 못하고 고독한 나목(裸木) 같은 인생임을 부인할 수 없나본다. 그럼에도 불구하고 황금물결 들판에서 나락이 익고 통통 콩알 영글고 능금의 홍조 띤 모습은 소녀의 얼굴처럼 고운 매혹의 계절이 자연의 축복이 아닐 수 없다.

어느새 나뭇잎이 불타는 듯 단풍이 아름다운데 우리의 신체

적 변화, 즉 세월로 인해 검은 머리 백발 되고 탱탱하던 피부에 꺼칠한 주름살이 꼴불견이지만 숨 막히는 무더위가 고약한 질병이었다. 지난여름 더위를 넘긴 일이 꿈만 같아 서늘바람이 불어오는 이 가을이 한량없어 반가운 가을을 노래하련다.

나뭇잎이 떨어진다.
한 잎 두 잎
춤추는 나비처럼
고운 단풍도 훨훨 낙엽이 된다.
소슬바람 불면
깜짝 놀라 우수수 곤두박질하고.
쌓이는 낙엽 덤불은
포근한 어머니의 품이다.

세월을 포식한 우리들이 즐겁고 아기자기한 추억을 일깨워 보려고 소년 시절 왕잠자리 잡으며 놀던 고향의 개천 길이 생각나서 양재천을 걸었다. 마음속 사색의 샘 찾아 추억의 보따리를 풀어보는데, 천변의 수양버들의 땅에 닿을 듯 늘어진 버들가지가 창포에 머리 감고 단정하게 꾸민 여인의 윤기 흐르는 머리칼처럼 경이롭다. 맑은 물에는 송사리와 피라미들이 수초 속으로 숨바꼭질하는 모습이 한가롭고 어디서 날아 온 두루미가 긴 발로 개천을 걸어 다니며 뾰쪽한 주둥이로 날쌔게 물고기를 잡아먹는 장면도 신기하고 산야에 물감 뿌린 듯 고운 단풍이 아름다운 가을의 극치를 즐기련다. 늪가에는 갈대 군락지요 둑에는 강아지풀이 금방 터질듯 씨앗을 품고 서 있는데 나무는 앙상해도 우아한 들꽃이 나를 반겨 자연이 고맙고 지난여름 무성하던 들풀은 지쳐 제멋대로 자는 듯 누워있어도 가을은 깊어만 간다.

그리움의 계절, 가을 (2021. 09)

아름다운 금수강산을 바라보며, 그리운 벗과 함께 자연을 찬미하고자 펜을 들었네. 산야에 물감을 뿌린 듯 물드는 단풍을 찬미하며, 우정을 함께 나누고 싶어서 말이네.

사실 동무들과 천방지축 뛰놀던 소년 시절에는, 푸르고 신선한 여름날의 추억이 뇌리에 깊이 남아 생동감이 넘쳤기에 언제나 청춘인 줄 알았었지. 개구쟁이였던 나는 여름날 방죽에 풍덩 뛰어들어 미역 감고, 참외와 수박을 몰래 따 먹으며, 매미나 방아깨비를 잡아 놀려대곤 했네.

밤이 되면 반딧불이를 따라 논두렁길을 걷다가, 까만 하늘의 신비로운 별을 보며 사색에 잠기고, 사춘기 특유의 야릇한 그리움에 몸부림치던 추억도 떠오르네. 그래서 우리는 어깨동무하고 해 지는 줄도 모르고 흙바닥에서 뛰놀던 영원한 동무였으며, 고향의 풍경은 순수하여 오래도록 마음속 저장고에 간직했다가, 그리울 때 꺼내 보던 시절을 떠올리게 된다네. 아름다운 여생을 가꾸고픈 욕심으로, 낭만이 묻어나는 소중한 추억을 간직하고 싶어서 말이네.

나무는 자라고, 풀벌레 소리 아스라이 들려오는 서정적인 농촌에서 우리들은 성장했고, 녹음방초 푸르른 성하盛夏에 뻐꾸기와 꾀꼬리의 청아한 노랫소리가 들려오니, 사색하며 창조의 계절을 추억의 옹달샘이라 부르게 된다네.

그 여름, 신록의 나뭇잎은 벌레에게 생명의 양식이었고, 새들에게는 피서처였지. 하늘에는 별과 달이 떠오르고, 우리에게는 사춘기의 순수함이 움트며 막연한 그리움을 꿈꾸던 시절이, 지금도 그립고 또 그립다네. 이제 늙고 보니, 젊은 시절과는 달리 더위를 견디기 힘들어 가을을 기다리게 되고, 청춘 시절 마음속에 간직한 영혼의 양식을 꺼내 너와 함께 공유하고 싶구먼.

고추잠자리가 코스모스에 앉아 졸고 있을 때, 심술 난 추풍이 꽃을 흔들면 깜짝 놀라 하늘로 날아오르지. 지난여름 장미꽃보다 우아한 들국화의 자태에 반해, 토종벌이 용감하게 국화 향기에 취하던 너와 나의 고향 가을 산천이 그리워지는 계절이지만, 그 애틋한 사연이 보배처럼 소중한 시절이라네.

일제 식민지에서 태어난 동년배 친구의 아버지는 징용에 끌려가고, 방직공장에서 일하던 어머니를 기다리던 소년의 애잔한 노랫소리가 심금을 울리며, 고향 하늘을 나는 기러기 떼의 처량한 울음소리와 함께 멀리멀리 날아가던 풍경이 떠오르네.

　울 밑에서 귀뚜라미가 구슬프게 우는 소리를 들으면, 가을은 역시 '우수憂愁의 계절'이기에, 쓸쓸하고 허무한 이 때를 벗어나지 못한 나의 처지는 고독한 나목裸木임을 부인할 수 없겠네. 그럼에도 불구하고, 황금물결 이는 들판에서 나락이 익고, 통통한 콩알이 영글고, 능금에 홍조가 오르는 모습을 보면, 마치 소녀의 얼굴처럼 고운 이 계절은 자연의 축복이 아닐 수 없다네.
　어느새 나뭇잎이 불타는 듯 단풍이 되고, 우리의 신체도 세월에 따라 변해 검은 머리는 백발이 되고, 탱탱하던 피부엔 꺼칠한 주름살이 지지만, 중요한 건 여름의 무더위라는 고약한 '질병'을 이겨낸 지금이 참 고맙다는 사실이네.

　우리의 소년 시절에 왕잠자리를 잡으며 놀던 고향의 개천길이 생각나서, 양재천 길을 걸으며 마음속 사색의 샘을 찾아 추억의 보따리를 풀어보는데, 맑은 물속에는 송사리와 피라미가 수초 사이로 숨바꼭질을 하고, 어디선가 날아온 두루미가 긴 다리로 개천을 거닐며, 뾰족한 주둥이로 물고기를 낚아채는 장면은 실로 신기하다네. 늪가에는 갈대가 군락을 이루고, 둑에는 강아지풀이 곧 터질 듯한 씨앗을 품고 서 있더군. 나무는 앙상해졌지만, 여전히 우아한 들꽃이 나를 반기고, 한여름 무성하던 들풀은 지쳐 누워 깊어가는 가을을 실감케 하네.

'재물을 잃은 것은 아무것도 잃은 것이 아니고, 명예를 잃으면 다소 속상하지만, 친구를 잃으면 모든 것을 잃은 것이다.'라는 격언을 떠올리니, 소꿉친구와의 반가운 만남이 기다려지는군.

이 가을이 떠나기 전, 자네와 함께 곰삭은 우정을 나눌 수 있다면, 그보다 좋은 일이 어디 있겠는가!

05
이별

추모의 마음 (2011. 04)

- 유명숙 여사를 추모하며 -

　유명숙 여사께서 이별의 변을 남기고 하늘나라로 떠나신 지 어느새 1주년입니다. 여사께서 생전 공작처럼 우아하고 장미 꽃처럼 화사한 자태로 신백식 박사와 함께였기에 행복해하시더니, 허무한 이별이 너무 애석합니다. 항상 신 박사와 함께 밑돌회의 영화를 창조하여 반갑고 다정했던 만남이었기에, 여사의 흔적은 뇌리에서 쉽게 지울 수 없어 허전한 심사를 형언할 수 없습니다.

　만나는 사람마다 남녀 구별 없이 다감한 소녀처럼 정겹고 살가운 여사님은, 밝고 고운 마음으로 세상에 오래 머무실 줄 알았더니 홀연히 떠나시어 아쉬움을 주십니까? 회상하면 38년 전 유 여사를 알게 된 계기는 말띠 청년의 부부 모임에 동석했던 신혼 시절에 새색시들의 청순한 모습이 무지개 같은 추억이기에 마음 깊이 저장하고 오래오래 기억하렵니다.

　여사께서 돌아가신 해 여름밤, 홀로 온 신 박사와 우정의 술자리에서 고인이 생각났지만 신 박사를 슬프게 할까 두려워 마음속으로만 명복을 빌었는데, 술자리가 끝나고 밖에 나오니 하늘에 유난히 반짝이는 별빛이 마치 유명숙 여사의 분신인 양 신 박사의 발길을 비춰줍니다.

지금 유 여사가 영면하던 계절입니다. 정원에는 나무마다 제자리에 서 있고, 새들은 봄 찬가를 부르고 산야에는 물감 뿌린 듯 벚꽃, 개나리, 진달래꽃, 살구꽃 향기 퍼져 나비들이 춤추는 상춘입니다만, 꽃상여 타고 떠나가신 유 여사의 빈자리가 참으로 쓸쓸합니다.

유명숙 씨의 천국 안식이 운명이라 할지라도 우리에겐 이별의 아픔이 잔인한 4월입니다. 떠나신 지 1주년을 즈음하여 고인을 그리워하는 심사를 글로나마 추모합니다.

그리움의 심연 (2020. 02)
- 벗 이희갑을 그리워하며 -

가을이다.

이 가을밤 하늘에 보석 뿌린 듯 반짝이는 은하수 벌판을 향해 네 별 내 별 정하며 동화 같은 소년 시절로 회귀할 수 있다면 얼마나 좋을까!

인생 황혼기에 맞이하는 가을에 대해 어떤 자에게는 추수하는 감사의 계절이고, 반면 이별의 아픔을 체험하는데 구성 없이 늙어버린 나에게도 석별의 고통을 회상하게 하는 계절이다.

코흘리개 동무들과 축구하고 말타기와 땅따먹기 놀이하다 싸우고 화해했던 그 시절도 생각난다. 검정 고무신 차림에 책보자기를 허리에 두른 촌뜨기에 비해 고급 운동화를 신은 자주색 책가방을 메고 뽐내던 우체국장 아들의 주변에는 석류꽃처럼 예쁜 여자아이들이 모이곤 했다.

그 시절 선망하던 친구의 이름은 잊었지만, 아름다운 추억을 생각하며 그리움만 쌓인다. 촌구석 좁은 고샅길을 누비며 즐겁게 뛰놀던 친구들은 운명적 만남과 헤어짐으로 옹골지게 즐기던 교제 공간이 시나브로 사라진 사유는 유수 같은 세월이 망각의 강물에 떠가고 우정의 씨앗이 발화하지 못하게 방해하던 미운 환경이었나 생각한다.

어린 시절 동무들은 허물이 없었다. 불량한 야심도 없고 몽니도 없이 친하게 지냈고, 미웠던 감정은 잠시일 뿐 순박하고 다정한 벗과 관계가 소중하게 느껴짐은 어른이 되고야 깨달았다.
우리는 함께 성장하고 가정을 꾸릴 때 축하하고 자식들 결혼식에 청첩장 나누며 살갑게 우정을 공유하던 행복한 관계가 영원할 줄 알았지만 만나면 기쁨을 함께하던 나의 친구가 60년 우정을 뒤로하고 저승으로 떠났다는 소식을 접하니 운명이라 할지라도 숨 막힐 것 같은 외로움을 감내하기가 힘들었다.
사회인으로 홍안의 청춘 시절, 소중한 또 한 친구와의 만남은 행운이었다. 우리는 입사한 동기생이다. 지금이라면 상상할 수 없는 열악한 환경에서 일하면서 불평 한마디 못 하던 신입 사원 시절, 질박하고 웅숭깊은 친구와 교제하면 편안하고 희망이 있었다.

당시 유명한 희극 배우와 이름이 같아서만 아니라 선한 천성과 봄바람에 눈 녹일 듯 눈웃음에는 우정이 묻어나기에 친구들은 그를 좋아했다. 퇴직하고도 모임을 결성하여 교제하던 친구와 꿈길 같은 추억이 참 그립다.
첫 산문 〈설향雪鄉의 풍금소리〉를 읽고 "왜 글에는 풍금 소리가 안 들리는 거냐?"며 놀리던 벗에게 영영 풍금 소리를 들려줄 수 없는 아쉬운 심사로 쓰디쓴 고독을 씹는다.

단풍잎 곱게 물드는 가을날 올림픽공원 산야를 산책하다가 불현듯 생각나는 친구를 불러내 소주 한잔할까 하고 스마트폰을 꺼내는 찰나, 부르르 진동과 함께 문자가 뜬다.
'이희갑 별세'라는 부고를 보며 마치 망치로 뒤통수를 얻어맞은 듯 정신없다.

칠십 넘기고 후지산을 등반하고 지리산을 종주했다고 객기 부리던 친구의 만용을 왜 못 말렸나 참회하는 심사는 곧 친구와의 영영 이별이 다가오는 줄을 몰랐기 때문이리라.
사고가 나기 며칠 전 가까이 지내는 입사 동기들이 내 고향 소재 선운사에 놀러 가서 선혈처럼 붉은 상사화 꽃(한줄기에서 나는 꽃과 잎이지만 서로 볼 수 없는 꽃) 군락지를 배경하여 사진도 찍고 바위에 그려진 웅장한 마애불상의 경이로움에 감탄하며 용문암(용이 바위를 뚫고 승천했다는 흔적)에 올라 멀리 서해상에 점 찍은 듯 섬, 섬, 섬… 서산西山의 풍경은 추억이었다.

풍천장어 안주하여 복분자술에 거나해져 잠자리를 서로 차지하려고 장난치던 허물없는 친구가 "다음 주 무박 2일로 설악산 용화산정을 등반한다" 할 때 그 위험한 곳을 절대 못 가게 말렸어야 했는데 …

하찮은 불찰이 소중한 친구와 영영 이별이 될 줄이야. 늙으면 서쪽 산에서 잔잔한 노을과 함께 유유자적 노년을 즐겨야 하는데 젊은이의 동산(설악산)은 왜 올라가 불타는 태양을 덥석 안았단 말인가?

희갑아
우리의 친구야
훗날 나도 네가 있는 그곳에 가면 세상에서처럼 다정한 우정을 나눌 수 있을까?

나무는 항상 그 자리이고 해마다 꽃은 가지마다 피는데, 우리는 세월이 지날수록 꼴은 추해지고 계절이 바뀔 때면 슬며시 사라져 버리는 벗을 그리워하며 병마와 싸워야 하는 고단한 일상이 서글퍼진다.

프란치스코 교황께서는 "늙으면 슬프다. 그러나 지혜롭다."라고 말씀하셨는데 사실 늙어가니 이별이 슬프고 적적함이 슬프고 소외감이 더욱 슬퍼진다.

이제는 명예도 권세도 재산도 아무 소용 없는 것, 다만 살아온 세월에서 소중한 경험이 혈기 발랄한 젊은이의 인생철학에 도움이 된다면 좋겠다.

헤어짐의 고뇌 (2020. 11)
- 후배 김상덕을 그리워하며 -

　진즉 백고지를 가볍게 오른 후 유유자적하시는 철학자 교수님을 향한 경외심은, 그분이 대학에서 수많은 인재를 양성하고 정년퇴직 후에도 학구적 열정으로 칼럼을 쓰며 고고함과 웅숭깊은 품성을 지닌, 황혼의 노을처럼 찬란한 분이기 때문이다. 그분은 나이가 많다고 교만하지 않고 철학적 고상함을 뽐내지 않을 뿐만 아니라, 한 세기의 빛나는 삶과 성취를 과시하지 않으며 기독교인의 양심으로 범사에 감사하는 선구자로 추앙받고 계신다.

　내 인생의 자취를 돌아보면 때늦은 후회가 수양의 수단이 아니며 아쉽고 부끄러운 심정은 가슴에 구멍이 뚫린 듯 공허할 뿐이다. 세월 따라 켜켜이 남긴 흔적은 오만과 독선, 시기와 질투라는 오물이 바위처럼 무거운 짐이 되고, 황혼의 인생길에서 때늦은 깨달음은 소용없는 이치일 뿐이다.

　지난해 다정한 후배와 영영 이별했다는 소식을 들으니 비통하고 참담한 심정에, 그에게 무의식 중 엉뚱한 말실수를 한 것을 통렬히 참회하지 않을 수 없다.

우리는 동병상련同病相憐의 처지였는데, "살날이 얼마 안 남았다"는 그의 하소연을 암 환자의 일상적 푸념으로 생각하며, "나도 힘들다네."라고 무심한 실언失言을 하고 말았다. 위로와 희망의 말이 아닌 엉뚱한 비관의 언사가 튀어나온 상황을 나 자신도 이해할 수 없었다.

보고 싶다, 사랑한다, 희망을 품어라, 함께 기도하자 등등 수없이 다정한 언어를 선택하지 못하고 불량한 언사였으니, 차라리 혀를 깨물고 벙어리가 되었어야 하는데 말이다. 삶과 죽음의 찰나에서 절박한 이별을 감지하지 못한 실수는 심장을 도려내는 아픔이요, 평생을 속죄하며 짊어질 멍에일 뿐이다. 내가 저지른 잘못은 어떠한 핑계도 허무한 변명일 뿐, 이별의 고통을 벗어날 수 없기에 말이다.

젊은 시절 우애 깊은 그의 다섯 형제가 친목 모임을 결성하고 발기문을 부탁하여 서슴없이 써준 축하 메시지를 고마워하며, 우리는 더욱 살가운 관계를 유지하며 매사에 상부상조하며 지내왔다. 그럼에도 불구하고 한마디 언행이 비수가 되어 47년 세월 동안 나눈 우정이 수포로 사라졌으니 안타깝고 숨막히는 아픔은 운명처럼 다가온다.

회상하면 우리는 가족 간 친목이 돈독하여 승용차를 소유하지 못했던 시절, 아이들과 함께 버스를 갈아타며 남한산성, 광릉수목원 등 유원지를 다니던 소중한 추억뿐이다. 또한 같은 직장에서 하루 일을 끝내면 신당동 뒷골목 식당에서 소주를 마시며 회포를 풀던 젊은 시절이 참 그립다.

그가 나를 따르고 내가 그를 좋아하기에 다정한 교제가 영원하리라 생각했는데, 초로初老에 인생을 너무 빨리 끝내버린 그를 향한 그리움의 마음이 가을 낙엽처럼 쌓인다.

타는 목마름에서 갈증을 풀어줄 물보다 그를 선택하겠으며, 굶주리더라도 빵보다 그와 영혼을 함께하려는 소망은 신기루를 쫓는 공허한 메아리일 뿐이다. 우리는 무지개처럼, 장미꽃처럼 우아한 인생을 공유하고 싶었지만, 갑자기 찾아온 암癌이란 질병과 승산 없는 전쟁은 불길한 운명이었는지 모른다. 암환자가 6개월마다 겪어야 하는 검사와 진료의 수난은 차라리 한시적 자학지심이기에, 융통성을 상실한 아집은 측은지심惻隱之心마저 메말랐나 보다.

생전에 우리는 다정하고 살가웠기에 불편한 감정은 추호도 상상할 계제가 아니라는 나의 진심은, 영혼밖에 알아줄 수 없다는 절망감으로 슬프기만 하다. 태어남은 순서에 따르지만 죽음은 순서대로 이루어지지 않는 것이 세상의 진리라면 체념해야 하지만, 왠지 억울하고 정신이 몽롱하다.

"불러도 대답 없는 김상덕,
당신이 지내는 그곳은 죄와 벌이 없겠죠.
꽃피고 새 울며 잔잔한 시냇물 흐르는
낙원에서 천사와 함께 지내겠죠.
세상의 근심 고난은 다 잊으세요.
삼가 명복을 빕니다."

그리움만 쌓이네 (2021. 06)
- 나의 형님 김치수를 그리며 -

　우리는 유소년 시절을 함께 보낸 25개월 터울의 형제로서 형님을 향한 사무치는 그리움이 형님과의 흔적을 남겨두고 싶은 심정에서 글로 써보련다.

　어머니께서 입혀주는 목화 솜 누빈 검정 한복은 겨우내 우리의 복장이며 누런 코가 지렁이처럼 흘러내릴 때 소매로 문지르고 팽이치기와 썰매 타기로 손등은 갈라져도 즐거웠던 추억도 소중한 추억으로 생각한다.

　형님은 꼬박꼬박 숙제하는 모범생이고 동생은 놀기를 즐기느라 온 동네를 쏘다니는 낙제생인데 형만 편애한다고 부모님께 반항하는 철없던 시절을 뒤늦게 참회하는 외로운 탕아의 그리운 가족 생각이 수면을 방해할 때가 있었다.

　모내기철에 형제가 논둑에서 못줄을 잡고 이동할 때 "서마지기 논배미가 반달만큼 남았네." 종아리에 달라붙은 거머리

포식하는 줄 모르는 농부들의 노랫소리가 구성지게 들리고 어느새 모심기 작업이 끝날 무렵 긴긴 햇살은 서산에 걸치고 고달픈 하루를 마무리한다.

　벼이삭이 패는 시기에 아버지 따라 논에서 피나무 줄기에 잡은 메뚜기를 감꽃 꿰듯 엮어 들고 집에 와 볶아먹던 옹골진 추억도 그립다. 벼가 익으면 형제는 지팡이 같은 대나무 끝을 쪼개 찰진 논흙을 대나무 집게로 집어서 팔매질을 하여 참새를 쫓았는데, 왼손으로 팔매질하는 형이 더 멀리 정확하게 새를 쫓던 기술이 부러웠다.

　어머니께서 누에를 길러 고치에서 명주실 뽑는 날, 형제가 실 뽑는 어머니 곁에 앉아서 건져주는 번데기를 제비새끼처럼 받아먹던 시절도 잊을 수 없는 시절이 기억된다.

　형은 어머니 말씀에 순종하여 막냇동생을 업어야 했고 공동 우물에서 물 길어 오는 착한 아이였지만, 동생은 위험한 방죽에서 헤엄치고 천방지축 남의 참외밭에서 여린 참외 따먹는 심술꾼 개구쟁이였다. 형님은 동생들에게 폭력보다 타이르는 성미이지만 나는 아우를 때리며 힘으로 제압하려는 고약한 동생이었다.

　강원도 산골의 군대 생활이 하도 고단해 전보를 쳤더니 대학생이던 형이 새벽 버스를 타고 와 면회하고 동생에게 꿀맛 같은 저녁을 사주었는데, 본인은 12시간이나 버스에 시달린 몸이 배탈로 인해 밥은커녕 밤새도록 여관에서 고통에 신음하다 떠난 사연을 나중에 알 수 있었다.

형님의 효심은 많은 형제들 중 아무도 따를 수 없었다. 타향의 자식들이 겨우 명절이나 생신 때 어머니를 뵙고 푼돈을 드리면, 절대로 쓰지 않고 곗돈 붓는 데 바쁜 어머니께 형님이 '어디에 쓰시려고 계를 하시냐'고 여쭤보니 '집 없이 사는 아들 집 사주려 모으신다'는 말씀을 듣고 팔순을 벌써 넘긴 어머니의 한을 풀어드리려고 동생의 아파트 구입을 위해 큰 도움을 준 고마운 형님이고 착한 효자였음을 부정할 수 없다.

한글 세대 첫 문학인으로 평론가 김병익, 김주연, 김현과 함께 이른바 4K 멤버로 출판사 〈문학과 지성〉을 설립하였고 계간지로 「문학과 지성」[7]을 창간하였기에 주목받는 작가들에게 문학의 공간을 마련하였다.

형님이 여러 해 동안 신춘문예 소설 부문 심사위원으로 활동할 무렵 작가 지망생이던 내 친구의 딸이 형님 연구실에 찾아갔지만 아무런 도움을 받지 못하고 헤어져 무척 섭섭했다는 전갈을 듣고 '그래도 동생 친구 딸인데 진지하게 문학의 지름길이라도 알려주었으면' 하는 아쉬운 감정이었지만, 다음

---

7) 문학과 지성 : 폐간한 후 〈문학과 사회〉로 복간함.

해에 당당하게 신춘문예에 당선되고 나서 소설가가 되는 과정은 바둑의 정석을 배우는 것이 아니고 꾸준한 습작으로 개성에 따른 스스로의 창의를 발휘하는 글쓰기임을 일깨워 준 계기로 생각하게 되었단다.

괴테나 도스토옙스키를 흉내 내거나 김승옥이나 최인호를 모방하는 표절에 의한 소설은 존재할 수 없다는 가르침으로 받아들이고, 독창적인 소설가로 우뚝 서서 다수의 평론가로부터 주목받는 중견 작가로 인정받았다니 듣기에 좋았다. 그로부터 형님을 이해할 뿐만 아니라 함께 문학을 연구하고 세미나에 참석하며 인생을 배우고 성숙해졌다는 소문을 들을 수 있으니 다행이다.

형님은 틈틈이 동생들 가족을 만찬에 초대하는데 텃밭에서 수확한 상추와 파 고추 등 청정 식품에 와인을 곁들인 광어회는 일미였다. 밥상에 모여 감사 기도를 드린 후 국물 한 숟갈 목에 넘기며 "아 맛있다"란 표현은 초대받은 동생을 대신하여 형수님께 감사의 인사임을 우리는 다 알 수 있다. 형제들은 부모님을 닮아서인지 외식보다 집에서 차려주는 음식을 좋아하는데, 손아래 동서들도 허물없이 맛있게 먹으면 좋아하는 형수님이기 때문이다.

나의 딸과 아들의 이름을 형님이 작명해 주셨는데 여러

날을 글자의 뜻과 획수를 학문적으로 고찰하여 좋은 이름을 주셨고, 나중에는 외손자, 친손주까지 뜻깊은 이름을 주셨기에 훗날 증손이 태어나도 당연히 작명의 책무는 형님 몫인데….

내가 암 수술 받았을 때 바쁜 일상에서 어렵게 문병하는 시간은 조용한 밤이다. 적막한 병실을 찾아와 고통스런 동생을 물끄러미 바라만 보다가 한숨을 쉬며 안타까워 애통하던 형님은 형제 중에 제일 건강하던 분이었기에 오래오래 인생을 즐길 줄 알았지만 갑자기 떠나셨으니 작별인사도 못한 동생의 불찰을 탓하여 뭘 한단 말인가.

단풍잎 곱게 물드는 계절에 아름다운 산야를 외면한 채 홀연히 떠나신 형님에게 이별의 슬픔을 어찌 감당하여야 할지 이제 막둥이와 단둘만이 남아서 이 풍진 세상을 살아갈 미래가 두렵기만 하다.
　인생에서 삶과 죽음이 순서이지만 수많은 문학 평론가, 수많은 불문학자, 그리고 수많은 문학 박사 중에 나의 형님만을 선택하여 고통스런 이별을 주시는지 참으로 슬프고 아픈 심사를 하느님은 알고 계실까?

그곳에서 먼저 가신 친구(소설가 이청준, 소설가 홍성원, 평론가 김현)를 반갑게 만나 학창 시절 결론 못 냈던 문학의 열정을 되새겨 토론하며 학문의 영감을 공유할 수 있으니 외롭지 않겠지만, 허망한 동생은 그리움만 쌓인다.

인연과 그림자 (2025. 02)
- 수필가 문민순 선생을 추모하며 -

지난해 수필가 문민순 선생이 세상을 떠나셨다.

그분은 생전에 친구를 많이 사귀며 배려와 사랑을 실천한 분으로, 〈에세이 강남문학회〉의 총무직을 수행하며 회원 간 소통을 주선하고 문학회의 존재를 위해 헌신하셨다. 특히 코로나19라는 질병이 창궐하여 강의실이 문을 닫고 회원들이 흩어지는 상황에서 문학에 목마른 동료들을 카페로, 식당으로 안내하여 학습하며 수필을 공유하려고 많은 노력을 하신 분이다.

청초淸草 우거진 초하初夏의 계절에는 자연의 터전에서 안도하며 상상의 꿈을 펼치며 행복해하던 시절도 생각난다. 삼천갑자 동방삭이 18만 년을 신출귀몰하며 세상을 어지럽히다가 냇물에서 숯을 씻는 기지를 발휘한 저승사자에게 잡혔다는 전설傳說의 탄천炭川이 저만치 보이는 공원으로 초대하고, 사색의 뜰에서 삼라만상森羅萬象을 탐구하며 우리는 학구열이 진지하였다.

어느 날은 까마귀가 베란다에 둥지를 틀고 산다는 아파트 정자에 모여 청실홍실을 엮어서 색색의 구슬을 꿰어 작품을 만들듯, 낱말을 모아 문장을 구성하고 문장을 배열하여 수필을 창작하려는 자리에도 문민순 선생님은 함께였다.

농부에게 가을은 추수감사의 계절이고, 우리의 학습 결과물인 동인지 출판 기념 행사라 하겠다.
팬데믹 기간이라 출판기념회 개최 장소가 없어 애태우다가 뭉게구름이 자유롭게 떠가고 새들이 마음대로 날고 나무는 그 자리에 서 있는 대자연의 요람에서 국화 향기 그윽한 양재천변 아늑한 장소를 선택하여 우리의 소중한 동인지 『사랑에는 향기가 있다』의 출판기념회를 축복의 경사로 기억한다.

내가 수필가로 등단하고 존경하는 선배님과 문민순 선생을 초대했던 기억도 생각난다. 선배님은 약속 장소에 먼저 와 기다리다 복권 3매를 사서 우리에게 한 장씩 주면서 당첨되면 셋이 나누자는 뜬금없는 제안에 화답하며 즐거웠는데, 주머니 속 구겨진 복권은 망각의 세월 속으로 사라져 버렸다.

그날 내 수필에 대한 분수 넘는 호평에 고마웠으며 서로 아낌없는 덕담을 나누느라 시간 가는 줄 몰랐다. 분위기 좋은 식당에서 드시던 참치에 문 선생은 흡족한지 미소 짓는 모습이 보기에 좋아서 다음에 한 번 더 모시려 했지만, 기회는 쉽게 찾아오지 않았다.

그 후 나는 강남문학회를 떠나고 해가 바뀌도록 긴 침묵이 깊어갔다. 소식 불통 중에 선생이 지병으로 병원을 출입한다는 안타까운 사연을 알게 되어 위로의 전화 통화만 나눌 뿐이었다.

어느 날 선생이 전화를 걸어왔는데 병원에 입원했었다며 건강이 좋아졌다니 다행으로 생각하며 오찬을 제안하니 흔쾌히 승낙한다. 다정한 동지 4명을 초대하고 반가운 만남을 기대하며 식당으로 향하는데 그날따라 눈이 어찌나 많이 내리던지 발목까지 덮었다. 동시에 식당에 들어선 우리의 모습은 마치 눈사람처럼 하얗다. 하얀 눈사람들은 서로를 바라보고 파안대소破顏大笑하며 반갑고 기뻤다.

그때 찰나의 장면을 사진 찍어 기록으로 보관하지 못해 참 아쉽다. 다시는 못 뵐 문민순 선생과 함께였는데 말이다.

문민순 선생은 생전 천주교 신자였다. 그러므로 성품이 온유하고 남을 질투하지 않으며 시기하지도 않고 오래 참으며 무례하지 않았으며, 미움이 없는 성가정의 본분을 실천한 분이다.

문민순 선생님, 당신과 함께했던 행복한 시간을 우리는 잊지 않고 소중히 간직할 것입니다. 영면하소서. 명복을 빕니다.

한밤의 사연 (1971. 05)

그러면 글을 쓰세요.
좋은 시가 아니어도
상관 말고 글을 쓰세요.
일기도, 낙서도 쓰노라면
고독을 이기는 지혜를 알게 되니까요.
불멸의 환상으로 잠을 못 이루는 밤,
막연한 그리움에 몸부림할 때
라디오를 켜세요.
한밤의 음악 편지를 들으세요.

 7개월 전에 한국전력 직원으로서 진주라는 도시를 알 수 있는 기회를 얻었다. 억양이 다르고 문화가 서투른 이방인의 고적孤寂을 이기는 방법을 친절한 여인이 알려주어, 모두가 잠든 고요한 밤이면 하숙방에서 라디오를 듣는다. 청년은 지방 민영 방송의 전파를 타고 들려오는 한밤의 음악 편지를 들으며 그리움의 심연에 빠진다.

달빛이 심혼에 스밀 때
아이스크림보다
시원하고 감미로운 사색은
달빛 따라서
언덕 위의 하얀 집 앞으로
에우노에강은 흐르고
사랑하는 강이여
밝은 달빛의 밤이여
마치 연인을 끌어안듯이
달빛은 나를 포옹한다.
심야에 밝은 달은 곰팡이 핀 마음을 소독한다.
아지랑이 너머 뽀얀 저 언덕 위에 작은 집을 짓고,
사랑하는 사람과 함께 지내며 다정히 손잡고 강변을 걷고 싶다.
우수에 젖은 이 밤에
그리움의 심정은 몸부림하고
귀뚜라미 통곡으로 깊어가는 가을밤,
화사한 옷의 단풍이
뚝뚝 떨어질 때
나뭇가지는 쓴 고독을 씹으면서
꽃 찾아 찾아올 벌, 나비 기다리는 순정으로
등불 밝혀놓고 기다리는 슬기로운 신부처럼.

결혼식을 앞둔 열 명의 신부를 비유한 성경 말씀이 생각난다. 낮부터 신랑을 기다리던 처녀들은 밤이 되자, 지혜 있는 다섯 처녀는 등과 기름을 준비해 깊은 밤에 찾아온 신랑을 맞이했지만, 미련하고 게으른 다섯 처녀는 준비 없이 깊은 잠에 빠져 결혼식에 참석하지 못하고 쫓겨났다는 말씀이 기억난다.

웬일일까.
밖으로 나가고 싶다.
고요하고 조용한 오솔길을 걷고 싶다.
가난한 사람을 만나 친교하고 싶다.
레테 강이 말라버린다니,
환희의 기쁨으로 보헤미안의 정서를 살찌우자.
가로등이 은은히 퍼지는 적막한 강변길을 정겨운 사람과 걷고 싶다는 여인이 생각난다.
의로운 기생 논개의 우국충정을 상기시키는 남강 물이 다목적댐 건설로 말라버리니,
역설적인 심사가 억지를 부리듯 복잡하다.

의식주의 해결만을 만족으로 여기던 원시인이 아닌,
그리움의 긴 침묵으로 고독을 낳고,
고독이 장성하여 번뇌의 세월 속에 연속적인 우수가 존재한다.

세상이 칠흑 같은 밤에
한밤의 음악 편지는 타향에서 잠 못 이루는 밤에 사막의 오

아시스이다.
 다방에 앉아 다정히 속삭이던 연인이
 사람 많은 식당에 가자 하면 두려워하고 피하던 여인도 이곳의 아가씨이다.

 어느 땐 시원하고 감미롭던 억양이
 괴팍하고 쓸쓸하게 들리는 이곳에서,
 밤은 어김없이 찾아온다.
 이 밤도 이방인은 라디오 스위치를 켜고
 한밤의 음악 편지를 듣는다.

 〈먼 곳에 있는 사람, 그리움을 안겨주고
 가까운 곳의 여인에게 웃음을 주는
 고요 속의 밤은 깊어갑니다.
 아기자기한 이야기, 소담스런 사연이
 밤하늘에 메아리치는…〉

꿈속의 여인 (1971. 05)

어찌하여 이곳에 누워 있는지 모른다. 네 잎의 클로버가 싱그러운 초원에서 사색하며 그리움의 심연에 잠긴다. 달콤한 산딸기를 입에 넣고 심오한 맛을 음미하며 빛 고운 5월의 태양이 반갑다.

"에우노에 강으로 갑시다." 천도처럼 고운 얼굴에 미소를 띠고 다가오는 여인이 어찌나 아름다웠던지, 마치 천사를 만난 듯한 환희를 느낀다.

"아, 베아트리체…"

젖과 꿀이 흐르는 희망의 강으로 인도하려는 베아트리체와 팔짱을 끼고 걷는 에덴동산에서 낭만의 길은 행복이 넘친다. 청산의 꾀꼬리보다 화사한 그녀의 발길 아래 기화요초가 만개하고, 풀잎에 맺힌 이슬방울 속에 예쁜 무지개가 비친다.

강물 소리는 희망의 속삭임으로 닫힌 심혼의 문도 두드린다. 양말을 벗고 강물에 들어가니 사랑하는 나의 여인은 섬섬

옥수로 더러운 발을 씻겨 준다. 이 강에서 세례 요한이 예수께 세례를 준 물이라는 설명을 들으며, 환희의 공간에서 어머니의 품속에 안기듯 그녀를 포옹하고 소망을 먹는다.

"이제 우리의 안식처로 가시지요."

여인과의 황홀하고 신비한 공간에서 사랑의 열매는 익고, 어느새 석양의 노을이 시간을 재촉한다. 에덴의 동반자와 함께 오솔길을 걸어서 찾아가는 곳은 선지자 엘리야가 기거했다는 곳, 우리의 보금자리란다. 팔각 지붕 아래 대리석으로 장식한 사랑의 안식처에서 오래오래 살고 싶다. 베아트리체가 소유한 정원에 꽃향기가 진동하고, 춤추는 듯 벌과 나비가 깃들며, 새들은 우리의 결혼을 축복하는 축가를 부른다. 그중 꾀꼬리의 소프라노가 더욱 청아하게 들린다. 그녀는 이곳이 에덴동산이라고 알려주어 하느님의 천지창조가 궁금해진다.

"우리가 조심해야 할 선악과 나무는 어디에 있나요?"

실언을 하고야 말았다. 깜짝 놀란 그녀의 표정, 원망하며 고통스러운 얼굴, 이슬 맺힌 슬픈 눈, 그리고 깊은 수치심에 고뇌하는 나의 베아트리체를 보면서 회한의 한숨으로 분위기를 반전할 수 없었다. 뱀의 꾐에 빠져 선악과를 먹고 인류 최초의 죄인은 여자였기 때문이다.

갑자기 하늘이 캄캄해지고 섬광으로 시력을 상실한다. 천둥

소리에 귀도 먹고, 신비의 여인 베아트리체는 소리 없이 사라져버린다.

"엘리, 엘리, 라마 사박다니."

어둡고 적막한 밀림에서 숨 막히는 고독을 씹으며 깊이 회한하지만, 에덴에서 쫓겨난 보헤미안은 시야를 분별할 수 없어 초원의 빛은 흔적도 없다.

한참 후 밀림에서 시간과 공간 속에 화려한 사인교를 타고 오는 여인이 나타난다. 그녀의 화사한 자태는 분명 베아트리체였다. 꽃가마를 탄 사랑하는 여인이 시녀를 거느리고 시집을 간다. 그리고 저주와 멸시의 눈빛으로 나를 버린 채 황망히 고개 너머 사라지는 가마를 따라가며 베아트리체를 부르지만, 대답 없는 여인은 냉정하기만 하였다.

"빨리 사인교를 따라가서 그녀의 옆에 앉아 함께 시집으로 인도해야 한다. 소설 콜렉터를 읽은 청년아, 베아트리체를 놓치면 안 된단 말이다."

마음에 구멍이 뚫린 것처럼 절망하는 청년을 동정하는 고마운 동무들의 음성이 귀청을 때린다. 하지만 나락의 바닥에서 벗어나려고 안간힘하며 흐르는 땀방울은 레테 강으로 흐른다.

"엘리, 엘리, 라마 사박다니."

끊임없는 환상과 불면증에 몸부림하다가 꿈을 꾸었나 보다. 궁합이 안 좋다고 결혼을 반대하는 한국의 어머니 생각은 현대 문명에 어긋나지만, 나의 처지가 궁색할지라도 누구를 원망할 수 없다. 귀여운 딸을 위하여 아가페 사랑이신 그녀의 어머니께 존경과 숭배를 드리는 마음은 그녀를 사랑하기 때문이다. 우리의 관계를 위해 고뇌하는 여인의 어머님께 꿈 이야기를 들려주어야 했다.

송구영신 送舊迎新 (1974. 01)

　유성을 모아 장식한 듯 찬연한 크리스마스트리에 함박눈이 소담스럽게 내린다. 1965년 성탄 전야에 M14 소총을 메고 어둠을 지키는 카투사가 고독이란 병을 치료하기엔 적막한 밤이다.
　제로옴의 연정을 결부하여 사춘기에 읽은 「좁은 문」을 상기하며 추억의 심흉에서 연속되는 사고思考는 얼음같이 차갑다.

　Mail Call! Mail call 소리가 밤의 정적을 깨고 퍼지니, 콘센트에서 쉬던 양키들의 워커 발자국이 요란하게 우체국으로 향한다. 내가 며칠 전 란에게 쓴 편지는 받아 보았는지 궁금하다.

　"지금 단테가 여기 존재한다면, 당신의 우아한 자태에 압도되어 또 다른 신곡을 쓰게 하였을 것입니다. 그리고 당신의 고운 손을 잡고 에우노에 강으로 인도하라고 애원하겠지요.
　고요한 이 밤에 '하늘에는 주께 영광, 땅에는 기뻐함을 입은 자에게 평화'라는 복음이 들립니다.

 당신이 심혼을 지배하면서부터 우아한 자태를 보던 시력이 약해지고, 레테 강물 소리를 못 듣게 되어 귀가 먹었습니다.

 철인哲人처럼 사색하고 농부와 같이 밭을 간다는 사랑스러운 나의 여인이여…"

 잎 없이 앙상한 가지에 눈송이 쌓이니 겨울의 낭만이며, 지난가을 화려한 단풍잎이 낙엽 져 가랑잎으로 잔디에 흩어지는 만추에 우리의 만남은 황홀했고, 오래도록 행복한 관계를 간구하던 바람이 서쪽 새의 인연事緣을 탄생시켰다.

 마농 레스코에게 관대하던 당신의 마음속에 둥지를 틀고, 영겁의 세월을 함께 하고 싶었지만, 파랑새는 멀리 날아가 버리니 공허한 마음은 숨이 막힌다.

 신년에는 가정도 회사도 새로운 다짐을 하게 되는데,

 사장님의 신년사의 일부는 생활의 교훈으로 새기고 싶다.

 "어느 고을에 장가 온 젊은이는 식사를 하고 나면 '식기 행주보!' 하고 나가는데, 장인이 생각하기에 사위가 꽤 유식한 말을 하는데 무슨 뜻인지 알 수 없어 마을의 훈장에게 '식기 행주보'란 말이 무슨 뜻인지 물었더니 '식후 행칠보食後 行七步를 잘못 말했나 봅니다.'라는 설명을 듣고, 사위의 무지에 실망하였다는 이야기를 들으며, 평소 말을 함부로 하여 경솔했던 행동을 반성해본다."

새해에는 세 살짜리 딸아이에게도 모범 아빠가 되기 위해, 독서도 하고 공부하는 자세로 살며, 남에게 신뢰받는 언행과 진리를 탐구하는 생활로 거듭나는 인생이 되고자 다짐한다.

병상病床에서 (1987. 11)

"심령이 가난한 자는 복이 있나니 천국이 저희 것임이요, 애통하는 자는 복이 있나니 저희가 위로를 받을 것임이요… 마음이 청결한 자는 복이 있나니 저희가 하나님을 볼 것임이요…."

35년 전 고향의 예배당에서 들었던 성경 말씀이다.
그때는 왜 마음이 가난해야만 천국에 갈 수 있는지 이해할 수 없었는데, 한여름 병실에 누워 예수님의 산상복음을 상기하게 된 것은 병자의 마음이 어린아이처럼 되기 때문일까?

평소 건강에 자신이 있어 병자의 처지를 모르던 자아는, 바캉스의 계절인데, 나무마다 푸른 신록인데, 바다에는 시원한 물보라가 있을 텐데, 병가를 내고 영동 세브란스 병원에 입원하게 된다.
방광의 종양으로 혈뇨가 있어 수술을 받기 위해 51병동 5002호실에 입원하며, 혈압 및 맥박과 체온을 체크받을 때 느끼는 불안한 마음은 논산 훈련소에 입소하는 훈련병의 기분과 같다.

수술 전날부터 금식과 관장을 하여 창자 속을 텅텅 비우고 배설시키더니, 침대에 실려 수술실로 갈 때는 도살장에 끌려가는 황소가 생각나게 된다. 소독약 냄새가 코를 찌르는 수술실에서 의사 선생님들의 행동을 관찰하려 노력했지만, 정신을 잃고 깨어나니 5시간의 수술을 받은 뒤 병실로 옮겨져 있고, 아내는 침대 옆에서 불안한 표정으로 남편의 생존을 확인하고 있다.

전신 마취로 의식을 잃고 6시간 만에 회복되었지만 몸은 녹초가 되어 나락 아래로 떨어지는 것 같고, 크디큰 링거병에서 가느다란 혈관에 바늘을 꽂아 소변을 받아내고 있었다.

어릴 적 몸에 생기던 부스럼을 대수롭지 않게 생각했는데, 체내에 생기는 부스럼을 종양이라 한다. 공교롭게도 방광에 종양이라는 몹쓸 병을 얻어 조직검사, 컴퓨터 촬영, 그리고 궁둥이가 터지도록 주사를 맞으면서, 아내의 근심 어린 눈물을 볼 때 가장으로서 거느린 처자식이 안쓰럽게만 느껴진다.

종양은 양성과 악성으로 나뉘는데, 만약 악성이라면 암으로 시한부 인생이 될 수밖에 없으므로, 이것을 식별하는 검사 과정은 시련과 갈등의 연속이며, 생에 대한 애착은 더욱 커지고 신앙을 갖겠다는 결심도 하게 된다.

병실에 누워 링거병의 주사약이 줄어드는 것만 바라보자니 무료하고, 다정한 벗들, 반가운 동료들, 그리고 사람이 그리워

조용히 눈을 감고 지난날의 허물을 반성하고, 미웠던 사람들을 용서하여 믿음과 소망으로 거듭나는 인간이 되겠다는 신념이 생긴다.

여름이 가고 가을이 깊도록 꾸준히 진료해 주신 의사 선생님들의 고마운 인술과, 나이팅게일 간호원의 정성 어린 보살핌, 그리고 아내의 간절한 기도의 결과인지 양성 종양으로 진단받게 되어, 새 생명을 얻은 듯 기쁘기 그지없다.

오곡백과가 풍성한 추석 절기에 건강한 몸으로 형님들과 동생들, 그리고 아이들과 함께 고향의 산야를 찾아 성묘를 하고 조상의 얼을 기리는 후손이니 말이다.

눈을 기다리는 마음 (1989. 01)

　강의실 창밖을 떨어지는 오동잎을 보면서 만추晩秋를 느낀다. 서부영화의 초원을 보듯 연수원의 넓은 정원에 간간이 서 있는 소나무들은 청정하고, 포도에 쌓이는 마로니에 잎을 밟는 공허한 마음을 발가벗은 나뭇가지들이 회초리질한다.

　여름은 그렇게 포근하던 초원과 신록이란 양산 쓴 매미의 노랫소리 들리는 낙원이었는데, 슬픈 여인의 눈물처럼 낙엽이 뚝뚝 떨어지는 가을은 사색의 심연 속으로 나를 빠뜨린다. 노오란 은행잎 주워 책갈피에 꽂고, 꽃같이 아름다운 단풍잎에 코를 맞대며 삭풍이 불어오는 나무 꼭대기 집에서 겨울을 걱정하는 까치들의 울음소리를 들으며 눈을 기다린다.

　　함박눈이 대지大地에 쌓이면
　　좋아하던 동심童心이 그리워
　　남쪽의 작은 고을에
　　쏟아지는 눈에 안기듯

천사天使 같은 여인이
눈雪밭에서 강아지같이 뛰놀던
소년을 좋아한 것은
그의 고향 설경雪景에 반했기 때문이다.

눈 오는 겨울이면 대나무 쪽 갈라 스키 만들어 신작로를 지치고, 하얀 마음 눈사람 만들어 맑은 꿈을 키우던 동심을 간직한 청년을 그녀는 사랑한 것이다.

교회에서 목사님으로부터 로마 성전을 건축하는 데에는 부자의 금백 냥보다 과부의 볏짚 한 단의 헌납이 값지고, 다리 밑 천막에서 찬송가를 부르는 가난한 사람이 행복하다는 복음을 들을 때도 화이트 크리스마스 때였다.
서부전선에 튤립이 은하수처럼 반짝이던 크리스마스이브, 우체국에서 들려오는 Mail Call 소리는 소망의 소리로 병사들의 마음을 끌어모으는데….

「진부령의 안개는 구름을 타고 옥녀탕·선녀탕에서 선녀들 목욕하던 강원의 자연을 감탄하던 당신은 노송 아래 바위에서 바둑 두던 선비였나요.」

강원도 작은 고을의 언덕 위 교회에서 성가 부르던 여인의 편지를 읽는 밤에도, 낭만이 쌓이듯 함박눈이 내리는 밤이었다.

눈雪을 기다리는 마음은, 하얀 눈송이가 쓸쓸한 나목에 백합 같은 눈꽃을 피우고, 음흉한 생각과 비굴한 마음을 씻어주며, 황량한 들을 감싸주기 때문이다.

에덴동산에서 아담과 이브의 벌거숭이 생활은 죄가 없어 부끄러움을 모르기 때문이었는데, 이브가 선악과를 먹는 죄를 범하고 부끄러워 나뭇잎으로 나신裸身을 가렸듯이, 나도 부끄러운 내 죄를 용서받고자 눈을 기다린다.

지난날 동료와의 불현不和했던 감정을, 상사에 대한 불손한 행동을, 후배에 대한 오만하던 자세를 반성하는 마음으로 회개하는 죄인을 감싸줄, 솜처럼 보드라운 함박눈이 기다려진다.

세모가 되면 쏜살같이 흐른 세월이 밉지만, 아직도 심흉心胸에 비전이 있기에, 밭갈이하는 농부처럼 눈 덮인 마음에 보속報贖의 씨를 뿌리련다. 새하얀 마음에 희망의 씨앗을 말이다.

거짓말 경연대회 (1993. 12)

사변 후 흉년으로 먹을 것도, 일자리도 없어 빈둥빈둥 놀고 있던 국민들에게 웃음을 주고자 '거짓말 경연 대회'가 열렸더란다. 8도 대표가 참가하여 기발한 거짓말을 들려주었지만, 지면 관계상 입선작만 소개하고자 한다.

〈제1화 - 부산 대표〉
지난밤 태풍으로 부산 시경국장 댁의 다듬잇돌이 사라졌는데, 그것은 보통 물건이 아니었다. 9대째 가보로 내려오던 보물이었기에 간단한 사건이 아니었다.
부산 시내의 경찰력을 총동원하고 현상금까지 걸며 수사에 나섰더니, 부산항에 들어오던 일본 상선에서 신고하기를 "영도다리 밑 거미줄에 그 보물이 걸려 있더라"는 것이다.

〈제2화 - 서울 대표〉
11월 30일 오전, 서울 중앙우체국 앞에서 빨간 외투를 입은 숙녀와 청년이 다투고 있기에 사연을 물으니, 숙녀는 이렇게 말했다.

"지난겨울도 만나지 못해 그리운 애인이 '중앙우체국 앞으로 나오라'는 전보를 어젯밤 보내왔기에, 한잠도 못 자고 새벽같이 나와 기다리던 중이었습니다. 우체통에 기대어 하품 좀 했을 뿐인데, 이 남자가 제 입속에다 편지 봉투를 밀어 넣더군요. 얼마나 화가 나겠습니까?"

그러자 청년이 덧붙였다.

"오늘이 신춘문예 응모 마감일입니다. 밤을 새워 단편소설을 완성하고, XX신문사 소설 부문에 응모하려고 분명히 우체통이라 믿고 원고 봉투를 넣었는데, 알고 보니 아가씨 입이었습니다. 잘못했다고 빌었건만, 소중한 제 작품을 찢어버리니… 올해도 또 신춘문예 낙방생이 되었군요. 벌써 다섯 번째입니다."

〈제3화 – 전라도 대표〉

전라북도 도지사는 성격이 매우 급한 사람으로, 과년한 딸이 하나 있었다. 도지사의 바람은 자신의 사위를 세상에서 가장 빠른 사람으로 삼는 것이었다.

어느 날 한 농부가 찾아와 자신이 얼마나 빠른 사람인지 증명해 보이겠다고 하며, 도지사를 '무장'이란 농촌 마을로 오라고 했다.

농부는 통심(天水畓에 농업용수를 조달하는 방죽)에서 물을 끌어와 두레질을 하며 못자리를 만들고, 볍씨를 뿌려 모종을 키운 뒤 모를 심고 벼를 수확했다. 그리고 타작과 절구질을 거쳐 쌀을 얻어 밥을 지어 도지사께 밥상을 차려드리기까지의 전 과정을 실시간으로 해냈다. 그 모습이 어찌나 빨랐던지, 도지사는 곧 딸을 이 농부에게 주겠다고 언약하려 하였다.

그런데 그때, 갑자기 소나기가 쏟아졌고, 저쪽 하마등(下馬嶝, 마을에 들어오기 전 말에서 내리는 언덕)에서 한 청년이 젓가락으로 소나기를 피해, 빗방울 한 방울도 맞지 않고 뛰어와서는 "밥 좀 달라"고 말했다. 그의 행동 또한 너무나 빨라서 도지사는 누구에게 사위를 맡겨야 할지 갈피를 잡지 못했다.

결국 도지사는 두 청년을 데리고, 선운사라는 절이 있는 산으로 향했다. 그곳에서 이렇게 말했다.
"용문암 옆 천 길 바위에서 내 딸이 뛰어내릴 테니, 먼저 받아주는 사람을 사위로 삼겠소."
이윽고 딸이 낭떠러지에서 몸을 던졌는데, 마침 암자에서 예불을 마치고 나오던 동자가 그 모습을 보고 뛰어가 품에 안고는 선운사로 들어갔다는 이야기다.

〈심사평〉
문명이 발달하여 생활이 편리해질수록, 우리 사회는 거짓의 연속이다. 사람들은 저마다 욕망을 채우기 위해 남을 놀려 먹고, 친구는 우정을 빙자해 속이며, 직장에서는 자신의 영달을 위해 불신과 모략을 일삼는다.

 이번 거짓말 경연 대회의 진정한 의미는, 우리가 사는 동안 얼마나 많은 거짓을 행했는지, 남을 속이지 않았는지 되돌아 보는 데 있다.
 참가자들의 거짓말 중에는 너무 그럴듯해 사기처럼 느껴지는 것도 있었기에 제외하였다. 대신, 위에서 소개한 부산, 서울, 전라도 대표의 거짓말은 차마 속을 수 없을 만큼 소박하고 정감 있는 이야기여서 입선작으로 선정하였다.

 거짓말 경연 대회가 끝나니, 눈 내리는 겨울밤은 더욱 깊어만 간다.

봄의 문턱에서 (1998. 02)

 길디긴 겨울밤은 봄을 잉태하며 신록의 여름을 거쳐 결실의 계절 가을로 끊임없이 변해가는 한 해와 함께 우리 육체와 사고력도 변화되고 삼라만상森羅萬象 모두가 새로운 시작을 위해 활동하나 보다.
 창세기를 보면 하나님이 천지를 창조하시고 빛과 어둠을 주시고 생물과 사람을 만드신 후 보시기에 좋아하셨듯이 피조물인 인간 또한 새로운 것의 발명이나 발견이 즐거운 일일 것이다.

 겨우내 메마른 화단 구석에 파란 새싹이 어린애 손가락만큼 솟아날 때 태어남의 신비를 감상하며 봄날 양지바른 곳에 앉아 행복의 미래를 설계하던 청년이었는데 벌써 정년퇴임의 해를 손가락으로 세어보게 되니 '우리의 세월은 브레이크도 없나?' 하고 푸념해 본다.

 초등학교 때 공책 뒷장 시간표에 의해 학습하던 소년이

지천명知天命의 어른이 되도록 여러 번 인생 계획표를 세웠지만 실천하지 못해 초라한 자신은 이제 기력도 생각도 흐려지나 보다.

어린 시절 소꿉놀이하던 동무가 사소한 일로 토라져 '너하고 안 놀아' 하고 가버리면 그 아이와 영원히 이별인 줄 알고 슬퍼 울던 동심도 생각나지만 무지개처럼 화려한 꿈을 간직하던 청년기의 추억들이 망각의 늪으로 숨어버렸고 젊음을 불태우며 일하고 연애하고 결혼 후 아이 기르며 기쁠 때나 슬플 때나 사랑스럽던 소중한 나날들을 붙잡지 못하고 지내다 보니 청년 시절에 아름답게 보았던 석양 노을마저 이제 쓸쓸히 느껴지는 것은 행복한 사연들이 기억 속에서 하나둘 사라져가기 때문일까?

직장의 동료나 사회의 지인知人이 가깝게 만나주지 않을까 걱정되는 지금, 공허한 마음으로 미래를 염려하는 글을 작성하려 함은 이제는 매듭을 풀 줄 알아야 하기 때문이리라. 하나의 매듭을 풀 때마다 지나간 길을 돌이켜보면서 다시는 오지 않을 것에 대한 애틋한 향수, 마음을 저리게 하는 미련 때문에 때로는 후회도 하게 되고 새로이 펼쳐지는 또 다른 미래에 대한 기대와 불안으로 마음이 설레기도 한다.

'늦었다고 생각되는 시기가 적기'라는 선인들의 충고를 상기하며 반성문이라도 써야겠다. 지난날 내 탓으로 친지의 마음에 상처를 주었던 일이나 바르지 못한 행실에 대한 참회의 글을 말이다. 시력이 흐려지는 것은 사물을 보고도 못 본 척하라는 뜻이며 주변의 시끄러운 세태에 귀도 막고 말도 조심해서 천덕꾸러기가 되지 않도록 노력하며 농부와 같이 밭을 갈고 철인哲人처럼 사색을 하는 인간이기를 소망한다.

장난감의 희망사항 (2019. 09)

"저예요, 어머니 모시고 병원에 왔어요. 점심때쯤이면 집에 갈 줄 알았는데, 대기 환자가 너무 많네요. 당신 점심 못 해 드려 미안해요. 냉장고 안에 장조림과 갓김치, 명란젓 꺼내서 된장 뚝배기 끓이고, 밥 데워서 드세요. 저녁에 맛있는 식단 차려 드릴게요."

간호사의 대기 환자를 호명하는 병원의 일상을 벗어난 정겨운 소리는, 60대 여인이 들려주는 천사의 음성이기에 감동을 느낀다. 검사와 진료 차례를 기다리며 침묵 속의 환자에게 희망의 정情을 주는 속삭임으로 들리니 말이다.

나에게도 꽃길을 걷던 아련한 추억은 청춘의 설렘이라 하겠다. 연애 시절, 파랑새 날아갈까 조심조심 접근하며 황홀한 꿈속에서 행복하던 사연이 생각난다. 그녀를 처음 만나 사랑의 열매가 영글던 시절, 수영도 못하면서 연인과 함께라면 겁 없이 남강의 넓고 깊은 호수에 조각배 타고 노 젓고, 산야를 공유하며 속삭이던 추억이 보석처럼 소중하다.

쌍계사 가는 길에 눈송이처럼 벚꽃이 휘날리고, 계곡의 물소리는 희망의 속삭임을 듣던 자연의 풍경에 행복했던 봄은 가고, 신록의 계절을 건너 어느새 벚나무 잎새가 불타는 듯 단풍이 곱디곱다. 푸른 하늘에 떠다니는 뭉게구름이 목화솜처럼 포근한데, 코스모스 핀 신작로에는 비상하는 고추잠자리가 바쁘게 보인다. 제멋대로 생긴 억새와 강아지풀 아래 구석에서 수줍은 들국화의 화사한 자태가 가을의 운치를 더한다.

나의 무뚝뚝함과 구성 없는 늙은이의 무미건조한 인생 동반에서 권태기를 체험할 수 있음에도, 아내가 평생을 자기만 위해 존재하길 원하는 심보는 만용이리라. 봄에 꽃 피고 지고, 여름의 신록에서 청춘이 절정일 때 누구나 그러하듯 아내는 참 예뻤다. 그러나 70을 넘기니 젊음의 다정함은 시나브로 사라지고, 꽃잎 시들어질 때 생긴 가시에 찔리지 않으려면 조심해야 하나 보다. 그럼에도 불구하고 아내가 외출하면 허전하여, 그리움의 심사는 정인가 한다.

어느새 손자손녀의 재롱이 행복을 생산하는 옹달샘인데, 몇 년 전 아들이 마련한 식당에서의 사연이 생각난다.
59층 레스토랑에서 바라보는 여의도 시가지는 소인국의 전경처럼 느껴지며, 세 살짜리 손녀에게 손바닥을 펼치고 "온 세상이 내 손안에 있다."라고 큰소리쳤더니, 손녀는 "장난감 같다."라고 화답한다. 그렇게 보이는 것은, 한강은 가늘다가는 실개천이며 달리는 승용차도 오빠가 손가락으로 굴리는 장난감 차 같고, 움직이는 동물 또한 개미처럼 보이니 모두가 신기한 장난감이라 생각하나 보다. 창조주는 만들어 놓은 장난감이 작동하면 보기 좋아하듯, 손녀도 장난감 같은 세상을 보며 좋아한다.

 늙으면 찾아오는 병마와는 투쟁보다 친구처럼 동거해야 함이 지혜인가 보다. 질병을 적대시하면 고통이 수반될 뿐만 아니라, 질병과의 전쟁은 피차의 피해를 초래하기 때문이다. 불편한 관계이지만 싸우지 말고 친구가 되는 이치를 터득하기까지 많은 세월을 허비하였다.

 "또 주사를 맞아야 합니까? 전에도 사위가 30만 원 내고 맞은 주사를 또 맞아야 한다니, 차라리 내가 죽어야 하는데⋯ 나는 돈이 없어요. 의사 선생님, 주사 안 맞으면 안 됩니까?"

 안과 질환인 황반 변성 때문에 고통받는 할머니의 애원은 절규인데, 훈훈한 메아리가 없다. 결국 50대 사위가 할머니를 주사실로 모시고 가는 모습이 처연하다.
 황반 변성이란 안질은 대개 한쪽 눈에 발생하므로 초기에는 쉽게 발견하지 못하며, 어두운 곳에서 정상인 눈을 감고 보면

까만 원이 시야를 막고 보려는 사물이 일그러지며 초점을 맞출 수 없다. 방치하면 실명하게 되기에 레이저나 주사를 통해 치료하지만, 상태가 나아지지 않으면 계속 주사를 맞아야 하니 환자는 지루한 고통을 감내해야 한다.

"조물주님, 당신은 우리를 만드시고 보기에 좋으셨습니다. 당신이 장난감처럼 갖고 노는 인간이 태어난 지 70~80년이 지나니, 낡고 고장이 발생합니다. 바라건대, 망가진 장난감도 부품을 교체하여 새롭게 하듯 우리의 고장 난 오장육부를 교환해 생기를 찾아 사는 모습이 보시기에 좋으련만…

피조물인 인간의 병든 간을 바꾸고, 폐나 심장도 교환하고, 망가진 수족도 장난감 복원하듯 새것으로 바꿔 주세요. 눈도 침침해 불편하니 눈알도 교체하시면, 당신의 장난감의 활기찬 율동이 보시기에 좋으련만 말입니다."

무기력한 노인의 상념은 어린아이의 마음이다.

밤새 안녕하셨습니까? (2020. 08)

작금의 불안하고 고통스러운 나날을 겪으며, 70여 년 전 헐벗고 굶주리며 이름 모를 전염병에 속수무책이던 시절, 만나는 지인에게 아침 인사말이 새삼 떠올라 슬픈 추억이 오버랩된다. 그 시절, 배고픈 자도 병든 자도 밤사이 저세상으로 사라지는 일이 허다하여 '밤새 안녕하셨습니까?'란 절박했던 인사말이 떠오르는 것이다.

전쟁으로 폐허가 된 산하에 잡초만 무성하고, 굶주림에 초근목피로 연명하던 1950년대. 설상가상으로 고약한 콜레라가 농촌의 어른, 소년을 막론하고 창궐했을 때, 열악한 위생 상황과 의료 환경으로 인해 속수무책으로 생명이 사라지던 악몽이 떠오른다. 그때 콜레라에 걸렸던 친구는 이질 설사를 하며 기진맥진한 상태로 트럭에 강아지처럼 실려 갔지만(버스나 승용차, 병원차도 없던 시절이다), 다시는 만나지 못했다.

21세기의 과학 문명은 인공지능을 실용화하고 우주탐험이 보편화되어 인간 만능의 시대인 줄 알았건만, 하찮은 코로나 바이러스 하나가 온 세계의 질서를 파괴하는데도 꼼짝 못하는 현실에 심각한 고민에 빠지게 된다. 유럽 인구의 1/3을 사망하게 했던 '페스트'란 질병은 14세기의 비위생적인 생활 풍습이나 미개한 의료 환경 탓으로 기록되지만, 첨단 문명 시대에 《코로나19》라는 고약한 바이러스의 출현은 전 세계를 공포의 도가니로 몰아넣었다.

《코로나19》는 인정사정없는 악질이다. 이놈은 어린아이도, 노인도, 부자도, 가난한 자도, 권력자도, 하류 인생도 구분하지 않는다. 또한 강대국과 약소국을 가리지 않고 공격해오는 악질이기에 하루빨리 말살해야 하지만, 그럼에도 나는 헌신적인 대한민국 의료진의 성취를 믿고 기다리련다.

노인들의 정겨운 사랑방, 허물없는 문화의 공간, 즐거운 오락장소, 날마다 양식을 제공하던 복지관 식당에 발을 들이지 못한 채 한 해를 보내며, 그리운 그곳을 한없이 기다려야 하는 처지가 처량하다. 여생은 유한한데, 우리의 안식처인 그곳의 빗장은 풀릴 기미조차 보이지 않는다. 에세이강남문학회의 선생님들과 문우들과의 소담스런 만남과 행복한 교제 또한 그립기만 하다.

봉사자(할아버지, 할머니)들의 다정한 배려도 고맙고, 500

여 명에게 일용할 양식을 제공하던 영양사 선생님, 약국 앞에서 줄 세우지 않고 부모처럼 마스크를 나누어 주던 예쁜 직원들, 그리고 권세와 명예를 버린 욕심 없는 노인들이 흥겹게 바둑, 장기를 두던 때가 그립다.

집에만 갇혀 삼식이 노릇을 하는 게 지겨워 대모산에 올라가니, 메마른 산이지만 어릴 적 어머니 품처럼 크고 넓은 산봉우리가 나를 껴안아 준다. 고약한 바이러스에게 자유는 빼앗겼지만, 계절은 어느새 화창한 봄의 절정. 골짜기에는 진달래꽃 무리가 춤추듯 분홍치마를 펄럭인다.

늘그막에 삼시 세끼 밥을 준비하는 마누라의 수고를 덜고자, 성업 중인 식당에서 별미 음식을 사 오려고 전철을 탔더니 예전의 숨 막히던 인파는 사라지고 빈 좌석만 남아 있다. '노인들 무임승차 증가로 지하철 적자가 심대하다'는 코레일 측의 광고문을 떠올리며, 지금은 그 시혜에 덜 미안한 마음이 든다.

미국에서 대학을 다니는 외손자가, 그곳에 퍼지는 코로나바이러스로 인해 학교 문을 닫고 온라인 수업으로 대체되자 귀국한단다. 입국자 방역 실태가 불안하여 매일같이 카카오톡으로 "마스크 꼭 써라, 화장실도 주의해라, 기내식 먹지 마라" 하며 근심과 잔소리가 끝이 없다. 서울에 오면 2주간 자가 격리하려고 오피스텔을 구해 놓았다. 가족임에도 함께 지낼 수 없고 별거해야 하는 이상한 현실이 씁쓸하다. 손자가 14세일 때 유행성 에볼라 전염병에 걸려 혼난 적이 있기에 더 조심하게 된다.

  인간 사회에 크고 작은 사건들이 빈발한다 해도 지구는 돌 듯 삼라만상의 존재는 영원하리라. 지난해 핀 꽃이 올해도 피고, 나뭇가지마다 새잎이 돋는다. 산새들의 청아한 봄의 축가가 들리는 이 좋은 계절은, 누구도 빼앗을 수 없다.

  까마귀야, 까마귀야
  너 우렁찬 목소리로《코로나19》퇴치 장송곡 좀 불러주렴. 노인들의 안식처, 복지관의 정문이 활짝 열릴 수 있게 말이다.

똥의 철학 (2023. 04)

　불결하다는 선입견 때문일까? 수필의 주제로 거론하기 퍽 난감하다. 하지만 일상에서 먹고 싸는 과정을 순환의 의미로 본다면, 원활한 신진대사의 일환으로 식음과 배설은 필연적인 과정이다. 그렇다면 음식의 가치에 준하여 똥의 상징성도 무시할 수 없다는 상념을 지울 수 없다.

　일찍이 작가 방영웅은 화장실에서 태어난 한 여인의 파란만장한 생애를 그린 소설 《분례기糞禮記》를 발표하였으며, 소설가 김훈도 산문집에서 스스럼없이 똥을 밥과 함께 대등한 위치로 기술하였다. 불결할지라도 똥과 관련한 기억에 남는 사연을 전개해 보련다.

　고향에서 밭 가장자리에 똥통을 방죽처럼 크게 파놓은 집의 주인은 부자였다. 사람들은 그 밭에서 봄과 여름을 보내며 일꾼으로 땀을 흘렸고, 그것은 생활의 터전이 되었다. 그러므로 똥지게를 진 머슴이 동네 변소의 똥을 퍼다 똥통에 모은다. 비료가 없던 시절, 모아둔 똥은 농작물에 훌륭한 거름이 되었기 때문이다.

봄이면 파종한 밭마다 분뇨가 질펀하게 깔려 구린내가 진동했지만, 콩, 팥, 깨, 수수 등 작물은 무럭무럭 잘도 자랐다. 채소밭에도 똥은 훌륭한 거름이었다. 호박 구덩이에 호박씨를 심고 질펀한 똥 무더기를 깔아두면, 어느새 호박 넝쿨이 뻗어 나고 노란 호박꽃이 피며 벌과 나비가 끊임없이 찾아왔다. 그러면 토실한 호박이 열리고 열매는 무럭무럭 잘도 자랐다.

친구 아버지가 감나무 위에서 떨어져 거동을 못 하게 되었을 때, 골병에는 똥물이 최고라는 허무맹랑한 약방문이 통용되었다. 그리하여 절박한 환자 가족에게는 똥물이 단박에 약으로 둔갑하였다. 친구 어머니는 구더기가 들끓는 똥통에서 정성스레 동동주 걸러내듯 소쿠리로 받쳐 맑은 똥물을 사발에 받아 환자에게 먹인다. 병자는 병을 낫겠다는 신념으로 똥물을 목구멍에 넘긴다. 똥물을 마시고 병이 나았는지는 알 수 없지만, 세월이 약이듯 환자가 거동을 하면 무지한 사람들은 똥물의 효과라고 믿게 된다. 아무튼 미개하던 농촌에서 '똥이면 만사형통'이라는 관습을 타파하는 데는 꽤 긴 세월이 필요했나 보다.

그 시절 사람의 뱃속은 회충의 생활 터전이었다. 채소 잎에

붙은 회충 알이 있음에도 사람들은 무심코 채소를 먹었고, 채소와 함께 입속으로 들어간 회충은 창자에서 자라 지렁이처럼 변해 항문으로 빠져나오기도 했다. 불결하게도 회충과 더불어 공생하는 일상이 비일비재하던 때가 우리의 부끄러운 과거였다.

아파트 문화가 자리 잡기 전, 1960년대 초반, 삼형제가 주택에서 자취생활을 하던 무렵 화장실이 자주 넘쳐 곤란을 겪었다. 고향에서는 똥을 농사꾼이 필요에 따라 수거했기에 돈을 주지 않았지만, 서울에서는 "똥 퍼!" 하고 외치며 다니는 똥지게꾼에게 돈을 주고 똥을 치웠다. 형제는 학교에 가야 했기에, 집주인이 배분한 분뇨 처리비를 지불하고 학교에서 돌아와 깨끗하게 비워진 똥통에 볼일을 볼 때 느끼던 상쾌한 기분은 지금도 감회가 새롭다.

천호동에는 직업적으로 똥을 치우는 이가 살았다. 그는 천성이 근면하고 성실하여 직업에 대한 부끄러움을 모르고 분뇨 처리를 천직으로 알고 일했다. 장마철에는 똥통 지게를 지고 한강 백사장에 버리면 똥은 빗물에 휩쓸려 한강으로 흘러갔지만, 단속하는 자가 없었기에 불법을 저지르고 있다는 인식조차 없었다.

아내 또한 부지런한 남편에 걸맞은 순박한 여인으로, 아들 둘을 육아하며 알뜰한 살림을 꾸려 아이들은 탈 없이 여름날 오이 크듯 성장했다. 부부는 검소하여 똥지게를 진 만큼의 수고비는 거의 은행에 예금하였다. 그 시절 부모들은 육아에 극성스럽지 않았고, 유치원이나 학원이 없어도 아이들은 저절로 자랐다. 생활비 걱정 없이 근면한 일상은 버는 대로 예금하고, 통장에 늘어나는 예금액을 확인하는 것이 즐거움이었다.

똥을 퍼서 모은 돈은 거의 모두 은행에 예금했다. '티끌 모아 태산'이라 했던가. 오랜 세월이 지나며 예금이 불어났고, 은행마다 예금자 유치 경쟁이 치열하던 시절이었기에 그는 지점장의 직접 영접을 받으며 귀빈 대우를 받았다. 지점장과는 각별한 관계로 발전해 사업을 의논하기도 했다.

당시 잠실 지역에 토지 구획 정리가 진행 중이었고, 은행 지점장의 권유에 따라 예금과 대출금을 합쳐 대지를 분양받았다. 그러나 타인들은 '사상누각沙上樓閣'이라는 말을 인용하며, 모래땅은 건축도 못 하고 농사도 지을 수 없는 쓸모없는 땅이라며, 그를 어리석은 사람이라 조롱했다. 그러나 천호동에서 똥을 퍼 나르던 천민이 1988년 올림픽 축제를 공유하는 동안, 잠실의 모래땅은 황금밭으로 변했다. 똥지게꾼에서 부자의 지위로 변화한 그의 존재는, 사람 팔자는 결국 시대의 문제임을 깨닫게 해준다.

미 대륙 여행 (2007. 09. 21~10. 05)

9월 21일 금요일 맑음

　미 대륙을 보러 떠나는 날이다. 여명의 시간, 정원의 나무숲도 깊이 잠든 공간에서 외손자가 잠 깰세라 조심히 가방을 챙겨 싣고 인천공항행 리무진을 탔다.

　1998년 퇴직하던 해 미국 비자를 낸 후 9년을 기다려 떠나는 여행인데, 아내의 건강이 좋지 않아 걱정이다. 7시에 공항 로비에서 미팅하기로 사전 안내를 받았지만, 어찌나 서둘렀는지 6시 전에 벌써 공항에 도착하였다. 인솔자의 안내를 받아 도쿄 나리타 공항행 UA884편 탑승 수속을 마치고, 함께 갈 일행과 담소하며 기다리다 10시 5분 이륙한 비행기를 타고 2시간 20분 경과 후 나리타공항에 도착하여 샌프란시스코행 항공편을 기다려야 한다.

　오후 4시 5분 나리타공항을 이륙하는 비행기는 긴 항로를 떠난다. 밤을 새우고 날짜 경계선을 통과하며 9시간 10분간

기내 좁은 의자에서 비몽사몽 견뎌야 한다.

인천을 출발한 지 15시간 이상 경과하여 샌프란시스코에 도착하였지만, 시곗바늘은 거꾸로 돌아 현지 시간 9월 21일 오전 9시 12분으로 바꾸어야 했다. 나는 16시간 전의 과거로 되돌아왔다.

9월 21일 (미국) 금요일 맑음
샌프란시스코 공항 도착 시간은 오전 9시를 지난다. 버스로 시내 관광을 하는데, 금문교(2,737m)를 구경하고 통과하면서 미 서부 개척자의 정신을 실감한다. 말로만 들었던 스탠퍼드 대학교의 넓은 교정을 둘러보았다. 이 대학의 설립자 스탠퍼드는 억만장자였단다. 그는 마약과 사기 등 악질적이고 비겁하게 재산을 모았다. 사랑하는 아들이 15세에 불치병으로 죽자, 그 아들의 영혼을 위해 전 재산을 하버드 대학교에 기증하려 하였으나, 하버드는 부정한 돈을 받을 수 없다며 거절하였다. 스탠퍼드는 미 서부에 하버드보다 좋은 대학을 설립하겠다는 각오로 대학을 건립하였다는 가이드의 설명을 들었다.

9월 22일 토요일 맑음
요세미티 국립공원을 구경하였다. 높이 1,000미터가 넘는 엘 캐피탄 바위가 구름을 뚫고 서서 위용을 자랑하는데, 바위 아래로 면사포 폭포의 물줄기는 어린애 오줌 줄기처럼 초라하다. 천 길 낭떠러지 위를 달리는 버스에서 간담이 서늘한 공포를 느낀다.

　미국의 역사에는 백인 탐험가들이 미 대륙을 발견한 후 이곳에 이주하여 선량한 인디언의 도움을 받으며 생활 터전을 확보하였지만, 나쁜 백인들은 간악한 침략자로 돌변하여 인디언을 쫓아내고 영토를 넓혀 대륙의 주인이 되었단다. 넓은 대지를 빼앗은 백인이 무소유 정신으로 자연과 더불어 정직하게 사는 인디언에게 땅을 나눠주겠다고 할 때, 인디언 추장 시애틀의 명연설은 인디언의 자존심이었다.

　자연을 인간이 지배해서는 안 됩니다.
　흐르는 맑은 물을 누가 소유하며,
　부드러운 대지의 주인이 된단 말입니까?
　자연 속에 우리가 존재하듯,
　우리를 위한 대륙의 역사는 영원하리라.

9월 23일 일요일 맑음
　미 서부는 상상할 수 없는 대륙이다. 고속도로를 달리는 버스에서 건초 농장, 옥수수밭, 포도밭 등 끝없는 초원이 전개되더니, 어느새 한없는 사막을 지평선만 바라보며 감상해야 한다. 간간이 밭에는 옛 시골의 깊은 우물에 두레박을 매단 지렛대가 절구질하는 모습이 보이는데, 이는 유전에서 석유를 채

취하는 장면이라니, 석유를 농부가 추수하듯 원유를 퍼내는 산유국 미국이 부럽다.

버스가 사막을 한참 달리다, 사막 가운데 200여 년 전 백인 개척자들이 은을 캐며 살았던 지금은 사람이 살지 않고 민속마을 관광지로 운영되는 캘리코Calico 마을을 구경한 후 라스베이거스로 향한다. 라스베이거스에 들어서니 연주자들이 애국가와 아리랑 연주로 우리를 흥분하게 한다. 한국의 국력이 신장했는지, 국민의 허영심인지, 세계적 환락가 라스베이거스에도 한국 관광객이 활보하고 있다. 쇼핑과 휴식을 취할 수 있는 호텔 천장에 장치한 인조 하늘이 틀림없는 진짜로 보이는데, 뭉게구름이 떠 있는 창공은 가을 하늘이다. 화려한 상점을 둘러보다가 버버리 매장에서 아내는 꼭 마음에 드는 핸드백을 사지 못해 후회스럽단다.

자유 시간을 주고 카지노를 즐기라고 하면 좋으련만, 늦은 밤인데도 가이드가 극장으로 안내하여 선택 관람한 주빌리 쇼를 보았다. 흥미 없는 쇼였지만, 출연하는 여배우의 풍만한 가슴만 기억에 남는다. 한국의 LG전자가 시공했다는 수천만 개의 전등을 이용한 빛의 향연을 감상하고 숙소인 프라자 호텔에 들어가니, 호텔 입구부터 오락실 시설이 가득하다. 이곳 건물은 거의 호텔이며, 모든 건물에 오락실을 운영하나 보다.

9월 24일 월요일

외모는 찬란한 프라자 호텔이지만, 룸에 들어가 보니 낡고 불편하기 짝이 없고 잠자리도 불편하여, 세계 최대 도박의 도시 라스베이거스의 겉과 속이 다른 모습에 실망스러웠다.

새벽에 일어나 맛없는 빵으로 아침 식사를 한 후 그랜드 캐니언을 향해 버스로 9시간을 가야 한단다. 선택 사항으로 경비행기를 타면 2시간 이내에 갈 수 있지만, 둘이면 280달러를 추가 부담해야 하니 갈등이 생긴다. 다행인지, 경비행기 선택은 일본 관광객이 선약하여 우리 차지가 없다고 하여 버스로 가야 한다. 그랜드 캐니언은 인디언에게는 재앙을 준 쓸모없는 척박한 황무지일 뿐만 아니라, 오랜 세월 동안 땅이 갈라지고 풍화 작용으로 패이고 씻겨 나가 폐허가 된 대지를 사람들은 경이롭게 생각하며 흥분과 감격으로 구경하나 보다.

9월 25일 화요일

새벽같이 기상하여 로스앤젤레스를 향해 이동하는 동안 넓은 사막 지대를 통과한다. 나무가 자라지 않는 민둥산에 풍차 지대를 이룬 발전기용 풍차는 계속 돈다.

로스앤젤레스에 도착하여 차이나타운과 할리우드 등 시내 관광을 하였다. 유니버설 스튜디오에서 스턴트맨의 워터 월드를 보고, 유령의 집 디어 투어도 즐겼다. 역대 유니버설 회사의 명작 영화 제작 과정을 보여주는 세트장 체험은 유익한 구경거리였다.

LA의 한인촌 음식은 손색없이 맛있었다. 모처럼 갈비와 불고기 반찬으로 저녁 식사를 하면서 서울에서 가져온 소주를 마시려다 감시하는 청운 식당 주인에게 빼앗긴 후 14달러를 지불하고 마신 식당의 소주는 너무 비쌌다.

지금까지 미 서부 여정을 탈 없이 소화한 아내가 고맙다. 내일 뉴욕행 비행기 시간이 여유 있어 편히 쉬었으면 한다.

9월 26일 수요일

늦은 아침밥을 먹고 공항으로 이동하였다. 서부 가이드 노치성과 작별하고 휴대품 검색을 받은 후 오후 2시에 유나이티드 항공 비행기를 타고 뉴욕으로 떠난다.

비행기 창으로 광활한 미 대륙을 볼 수 있었다. 눈 아래 끝없이 황무지가 전개되고, 곳곳에 부서진 대지는 그랜드 캐니언을 보는 느낌이다. 비행기에서 끝없이 펼쳐지는 산야의 변화는 경이롭고, 도화지에 연필로 줄 그은 듯한 길을 따라 개미가 기어가듯 움직이는 자동차도 보인다. 미 서부의 사막은 사하라 사막처럼 낙타가 짐을 운반하고 오아시스를 찾아 생명의 물을 마시는 풍경은 볼 수 없고, 간간이 서 있는 여호수아 나무가 우리의 의식을 일깨워준다. 저 무한한 대지에서 아메리카인은 도전과 끈기로 개척하며 삶의 터전을 확보하려는 정신이 묻어난다. 그들은 가능성을 버리지 않고 정진하였기에 쓰레기 더미에서 장미꽃을 피우듯 삶의 터전을 조성했단다.

비행기에서 밤의 창공을 비행하며 맑고 밝은 보름달이 떠 있는 장면을 발견하고, 미국에도 보름달이 뜬다는 사실을 체험하며 조국의 명절 감정에 젖어본다.
어느새 캄캄하던 지상이 은하수처럼 반짝이는 보석 밭이 보이더니 케네디 공항에 도착하였다. 뉴욕 시간으로 밤 10시에 인솔자를 따라 공항 로비로 빠져나와 가이드 김문배의 안내를 받아 식당으로 이동하여 저녁 식사를 하고 호텔에 투숙하였는데, 호텔 수준이 서부보다 좋아 보인다.

9월 27일 목요일

미국의 수도 워싱턴으로 이동하여 시내 관광을 하였다. 스미스소니언 자연사박물관을 구경하다가 건물 구석에 쓸쓸한 한국관의 초라한 모습을 보고 자존심이 상한다. 영부인 권양숙 여사의 뜻에 따라 막대한 자금을 지불하고도 관객 없는 썰렁한 공간으로 존재하기 때문이다.

길 건너 미술관을 관람할 수 있었는데, 입구에 서 있는 검은색 여인 조각상은 마치 꿈속에서 베아트리체의 나신을 보는 듯 황홀한 감정을 불러일으켜 옆에서 포즈를 잡고 사진을 찍었다. 전시장마다 수백 년 지난 그림이지만 생동감이 넘치고 화려하다. 에덴동산에서 발가벗은 채 아담에게 사과를 주려는 이브의 자태가 요염하다. 서양화는 색채감이 화려하고, 그림 속 선녀가 나타나 나를 포옹해줄 것 같은 신비감에 오랜 시간 그곳에 머물고 싶었다. 국회의사당과 백악관 옆에서 사진을 찍고, 제퍼슨 기념관과 링컨 기념관도 보았다. 문민정부 때 조성한 한국전 참전공원과 미국 초대 대통령 워싱턴 기념탑도 관람할 수 있었다.

9월 28일 금요일

나이아가라 폭포를 구경하려면 버스를 8시간 이상 타야 한단다. 이동 중 '아미시'라는 현대 문명을 거부하고 사는 사람들의 마을을 통과하며 가이드의 설명을 듣는다.

서부에서는 사막을 횡단하더니, 지금 동부는 숲이 우거진 산들이 끝없고, 울긋불긋 단풍 물드는 산야가 아름다워. "자연이 나를 끌어안는다, 마치 사랑하는 사람을 포옹하듯이" 앙드레 지드의 말을 표절하며 초원에 누워 포근한 자연의 품에 안겨 잠들고 싶다.

도중에 코닝 유리 공장을 시찰하였으며, 아내는 딸에게 줄 유리 도마를 샀다. 저녁때 버스는 버펄로Buffalo라는 이정표를 따라 마을에 들어가니 나이아가라 강 근처에 도착한 모양이다. 가이드의 안내를 받아 헬기장으로 이동하여 운 좋게 헬기 조종석 옆에 앉아 창공을 비행하며 나이아가라 전경을 바라보니, 태초의 천지창조를 체험하는 듯 흥분된다. 미국 폭포를 감상하려고 엘리베이터를 타고 17미터 아래로 내려가 떨어지는 물방울을 맞으며 폭포수 속에 잠겨보고 사진도 찍었다. 소문대로 웅장한 자연의 풍경을 감상할 수 있었다. 국경을 넘어 캐나다로 가서 강변을 따라 농장 지대를 버스로 달리며, 세계에서 가장 작은 교회도 보고 와인 농장에서 아이스와인을 시음해보았다. 폭포가 보이는 전망 좋은 호텔에 투숙하였다.

9월 29일 토요일

나이아가라는 캐나다 쪽 폭포가 더 웅장하다. 선택으로 배를 타고 강을 거슬러 올라가 두 개의 폭포 근처에서 물보라 속 아름다운 무지개를 보고 자연의 신비에 도취된다. 관광객이 탄 배를 뒤집으려는 듯 퍼붓는 폭포수의 위용에 기죽는다. 푸른 하늘은 강의 요란한 용틀임을 외면하고 한가롭게 떠 있는 뭉게구름은 평화롭다.

일정에 따라 토론토로 이동하여 시내 관광을 하고 오타와로 이동하는데, 계속 6~7시간을 버스 타는 아내의 건강이 염려되지만, 신통하게도 큰 탈 없어 다행이다.

오타와의 천섬을 관광하기 위해 배를 탔다. 바다같이 넓은 호수에서 배로 1시간 정도 유람할 때, 크고 작은 섬이 드문드문 나타난다. 동화 속 낙원 같은 섬에는 나무가 우거져 새들이 깃들고, 집마다 숲을 정원 삼아 그림처럼 아름다운 별장에서 여장을 풀고 푹 쉬고 싶은 심정이다. 캐나다의 수도가 오타와 라는 사실을 알게 된다.

9월 30일 일요일

 오타와 시내를 관광하고 몽트랑블랑으로 이동하여 곤돌라를 타고 전망대에 올라가 햄버거로 점심 식사를 하였다. 정상에서 단풍 물든 천연의 자연 풍경이 아름다운 캐나다의 야산을 볼 수 있었다.

 초원에 물감을 뿌려놓은 듯 불타는 산야를 보면서, 가식의 옷을 훌훌 벗어던지고 자연의 품에 안기고 싶다.
 시내 관광 중에 병자를 고치고 복음을 전파하며 가난을 실천하고 하느님의 명령에 복종하며 신앙 생활을 한 성 프란치스코의 성 요셉 성당을 둘러본다. 걷지 못해 목발을 짚고 온 병자들이 이곳에서 프란치스코의 기도로 병을 낫고, 쓸모없는 수십 개의 목발을 증거물로 전시한 모습도 보았다. 성 안드레아가 신학 공부하며 수도생활을 한 노트르담 사원도 둘러볼 수 있었다.

10월 1일 월요일

　1492년 콜럼버스가 풍요로운 인도에 가서 생필품을 가져오겠다고 이사벨 여왕에게 청하여 뱃길을 열어 항해 중 대륙을 발견하였단다. 그 후 많은 탐험가의 끊임없는 개척 활동이 시작되었는데, 아메리고 베스푸치란 이름을 따 신대륙을 아메리카라 부르게 되었다. 콜럼버스는 선교 목적이라는 거짓된 음모로 신대륙을 점령하는 과정에서 수많은 인디언을 학살했다고 한다. 유럽의 강대국들은 미지의 광활한 대륙을 차지하려고 전쟁을 하였으며, 당시 스페인이 강한 군사력을 과시했단다. 영국, 포르투갈, 프랑스, 네덜란드 등 다른 나라에서도 원주민 인디언을 몰아내고 땅에 금을 긋듯 영토를 확장 소유하였는데, 퀘벡은 원래 프랑스가 지배하였지만 영국이 전쟁으로 빼앗은 도시로, 오랫동안 프랑스 문화의 영향을 받아 지금도 언어와 생활 습관이 프랑스 문화라고 한다.
　파리의 몽마르트 언덕 같은 무명 화가들이 그림을 그리는 거리를 산책할 수 있었으며, 전쟁터 스타델 요새와 악기를 연주하는 거리, 무명 성악가의 열창을 들으며 거리를 활보해보았다.
　몬트리올로 돌아와 힐튼 호텔에 투숙한다.

10월 2일 화요일

　캐나다 일정을 마치고 국경에서 까다로운 검문을 받고 보스턴을 향해 버스로 6시간 이상 가야 한다. 보스턴 시내를 관광하며 주청사와 커먼 공원을 둘러보았으며, 하버드 대학교와 MIT를 시찰하고 저녁 식사 후 숙소로 이동하여 홀리데이 인 브리지포트 호텔에서 여장을 푼다.

10월 3일 수요일

브리지포트 호텔을 출발하여 뉴욕으로 이동하여 시내 관광을 하였다. 과거 흑인 폭동 등 범죄 지역인 할렘가를 버스로 통과하고, 성 요한 성당을 구경했다. 센트럴 파크의 잔디와 나무 숲을 거닐고, 한국인 반기문 씨가 사무총장으로 일하는 유엔 본부를 배경으로 사진을 찍었다. 록펠러 센터 전망대에 올라가 뉴욕 시내를 바라보며 추억의 기록을 간직한 채, 워싱턴 광장과 소호, 월가를 지나 샌프란시스코의 금문교처럼 멋진 교량이 보이는 선착장에서 유람선을 기다린다. 배를 타고 호수 안으로 들어가 고고한 자유의 여신상을 배경으로 사진을 찍으려는 관광객이 포즈를 잡다가 출렁이는 배 위에서 중심을 못 잡아 야단이다.

10월 4일 목요일

짐을 챙겨 버스를 타고 케네디 공항으로 와서 샌프란시스코 행 비행기를 탔다. 국내선인데도 6시간 30분이 소요되니, 미국은 큰 나라임을 실감한다. 작은 창으로 밖을 보니, 눈 아래 목화솜을 뭉쳐놓은 모양의 뭉게구름이 창공에서 유영하고, 푸른 하늘은 끝없이 높기만 하다. 비행기 주변이 뿌옇게 물안개가 피어나니, 멀리 창공의 하얀 구름이 눈밭 같다.

샌프란시스코에 도착하여 국제선 탑승을 위한 검색대를 통과하며, 깜짝 잊고 혁대를 안 풀었다가 망신을 당한다. 혁대 때문에 삐삐 소리가 나고, 검색원이 나를 격리하더니 마치 범인 다루듯 샅샅이 몸을 수색하는데, 말이 안 통하고 영문을 모르니 난감하였다.

한국행 유나이티드 항공 비행기는 12시간 30분을 비행하는 동안 밤을 보내고, 날짜 변경선을 통과하며 순식간에 16시간의 빠른 세월을 보내니 늙어버린다.

10월 5일 금요일

19시간의 긴 비행기 여행에도 아내가 아프지 않아 다행이었다. 비행기에서 밤을 새우고 인천공항 도착은 오후 6시경이다. 짐을 찾고 일행과 작별 인사 후 버스에 올라타 잠실로 향하는 올림픽 도로에서 바라보는 서울의 야경은 세계 어느 도시보다 손색없음을 느낀다. 밤 9시에 집에 오니 외손자 두 놈이 할아비를 기다려 주니 참으로 반갑다.

장가계 원가계 여행 (2010. 05)

　별빛도 없는 심야 시간, 동방항공은 캄캄한 하늘을 3시간 비행하여 중국 남단 장사공항에 도착하였다. 장사시는 호남성에 속한 인구 650만의 도시로, 제주도보다 남쪽에 위치한 아열대 지방이다. 비가 자주 내리지만 더워 한여름 기온이 섭씨 45도까지 오르며, 38.5도를 넘으면 관공서도 휴무한다는 가이드의 설명이다. 보슬비 내리는 새벽, 초봄 날씨에 난방이 안 되는 호텔에서 떨며 밤을 새우고, 장가계로 가는 버스에서 토막잠을 자야 했다.

　첫날, 세계에서 가장 긴(편도 7,455m) 케이블카를 타고 천문산 위를 오르며 산하를 둘러보니, 자욱한 안개 때문에 화면이 낡아 부연 활동사진을 보듯 빼앗긴 절경의 아쉬움이었다. 케이블카에서 내려 천 길 벼랑 바위 옆에 매달아 놓은 듯 건설한 도로를 걸을 때, 고소공포증으로 엉금엉금 기어가는 약 600m 보도는 멀고 먼 길이었다. 간간이 안개가 걷힌 공간으로 오묘하고 신비한 산하를 둘러보며, 마치 신선들의 세상을 구경하는 심사로 심산에 들어선다. 사방 기화요초와 계곡, 그리고 심오한 산세에 도취하며 불공평한 조물주를 원망해본다. 당신의 솜씨에 고마워할 우리나라에는 왜 이런 작품을 남기지 않으셨냐고 말이다.

하산을 위해 리프트를 타고 허공에 떠 있던 우리 부부는 어찌나 무섭던지, 성모송과 주기도문을 열심히 합창하며 무서움에서 벗어나려 안간힘을 쓴다.

복되신 마리아님, 기뻐하소서.
주님께서 함께하시니 여인 중에 복되시며,
태중에 아들 예수님 또한 복되시나이다.
천주의 성모 마리아님,
이제 와 저의 죽을 때에
저의 죄인을 위하여 빌어주소서. 아멘.

서울대공원에서 타본 리프트인데도, 이곳의 리프트는 끝없이 하늘로 향하다 깊은 계곡으로 곤두박질할 때, 날개 없는 우리는 추락할까 봐 공포심을 떨치지 못하고 하느님께 기도한다. 운행 시간 약 20분의 공간이 백년 세월처럼 지루하다.

해발 1,170m 천자산 속 황룡동굴 안으로 들어가 호수에서 유람선에 앉아 신비한 동굴을 둘러본 후, 버스를 타고 벼랑길을 달리는 스릴과 십리화랑에서 모노레일 관람도 소풍 나온 동심을 실감하게 한다.

천자산 중턱 보봉호수에서 뱃놀이하며 원주민의 구성진 노래를 듣고 풍류를 즐겨본다. 양수 발전용으로 건설한 평균 수심 72m(깊은 곳 119m) 담수호의 유람선에서 중국 대륙의 웅장함을 일깨워주고, 초나라와 한나라 시절 명재상 장량의 묘가 있는 곳, 말을 탄 채 늠름한 화룡장군 동상도 볼 수 있었다.

숲이 우거진 산에 전봇대처럼 서 있는 바위기둥이나, 머리에 푸른 초목을 이고 천년을 버티는 바위산 모습은 마치 폐허의 성터에 조각난 대리석 같다는 둥, 천자산 사생대회에 참가한 세기의 신선들이 장가계의 경치를 동양화로 그려놓고 붓을 꽂아 둔 모양이라는 상상을 한다. 장가계 관광지에서 한국 관광객이 수두룩해 설악산이나 지리산으로 착각하게 하는 이유는, 어떻게 수집한 명함인지 알 수 없지만, 휴게소 추녀에 매달린 대한민국의 식당, 가게, 회사뿐 아니라 보통 사람의 수많은 한국 명함철 걸개를 감상하며 막걸리로 목을 축이던 쉼터의 정서도 신선하다.

청산에 솟아난 바위의 형상은 그리운 임을 기다리는 세 자매의 모습이고, 책 읽는 선비의 모습, 그리고 진시황의 명을 받아 불로초를 캐러 떠나는 노인의 형상은 조물주의 멋진 작품이다. 신기루를 보는 듯 오묘하고 신비로운 원가계 경치를 둘러보며, 깎아지른 듯 높은 바위에 붙어 운행하는 엘리베이터 (높이 335m)를 타고 하산할 때, 아름다운 대자연을 찬가한다.

> 명주실 수놓은 청산에서
> 선녀는 거문고 켜고 계곡물 흐르고,
> 산새들 찬양 소리 메아리치는데,
> 서산에 지는 석양이 숨바꼭질하는 바위마다
> 병풍처럼 둘러싼 산

원가계를 떠나 장사시에 도착하여 호남성 박물관을 관람하던 중, 2,100여 년 전의 미라가 아직도 잠자듯 누워 있었다. 저녁 식사는 한꺼번에 8,000여 명이 식사 가능하다는 대식당(서호루)에서 즐길 수 있었다.

장사공항에서 출국 심사도 입국 때처럼 우리에게 우호적인 중국 당국의 환경을 접하니, 불편하고 불안한 북한의 관광 실태와 비교되어 씁쓸한 심정이다. 경제적 도움이 되는 동포에게 북한 당국의 고압적이고 통제 일변도의 부자유한 여행은, 금강산이 아름답기보다 차라리 무서웠다는 친구의 북한 관광 소감을 듣고 금강산 여행을 단념하였다. 중국의 관광지마다 다소 수다스럽지만, 현지인들의 자발적 봉사(?)에 팁으로 단돈 천 원을 줘도 고마워하며 친절한 중국인을 만나본다.

북유럽 여행 (2013. 09. 04~09. 15)

9월 4일 수요일 맑음

 딸 덕택에 해외여행을 떠난다. 북유럽 여행은 각각의 여행사에서 여행객을 모집하여 함께하는 연합여행이기에 경비는 다소 저렴하단다. 이번 여행은 사우디에 사는 딸이 부모를 자기 집에 초대하고 싶어도 사우디는 관광지로 부적격해 좋은 여행하라며 여행비를 내놔 평소 소망하던 북유럽을 선택하였고 늙은 병자의 모험인지 우려스럽지만 러시아 비행기에 몸을 싣는다.

 9시간 여 비행 후에 착륙 안내 방송(못 알아듣지만)이 들려 창밖을 보니 비행기가 유유히 흐르는 뭉게구름을 헤치며 창공을 날고 깊은 아래로 아스라이 보이는 건물들이 개미만큼 작다. 현지 시각 오전 5시 5분(한국 시각 10:05) 모스크바 공항에서 대기하다 오슬로 행 비행기로 환승하였고 비행기에서 창밖으로 아래를 내려다보니 바다 위에 깔려 떠다니는 하얀 어름조각은 어둠을 외면하는지 백야의 실상인가 착각한다. 오슬로 공항에 내린 일행은 산 중턱 오라리온 호텔에 여장을 푼다.

9월 5일 목요일

서울의 시간보다 7시간이 늦은 오슬로의 아침 6시 30분은 어둡다. 북위 66도에 위치한 이곳은 하지 전후 15일은 백야 현상으로 밤에도 낮과 같은 실상이라 한다. 노르웨이 인구는 470만이지만 면적은 우리나라의 3.3배라 한다. 노르웨이는 1069년 십자군 전쟁을 겪었고 덴마크와 스웨덴 등의 오랜 지배를 받은 불운의 나라였지만 독립 후 1569년 산유국 반열에 오르면서 경제부국(1인당 GNP 10만불)으로 거듭나고 사회복지제도가 정착하여 선진국이라 한다.

하지만 남녀 간 정조 관념에 관해서는 이해할 수 없는 문화에 어리둥절하게 한다. 유럽인은 결혼 전에 동거를 시작하여 서로의 성격과 인품 관계를 확인하여 싫으면 미련 없이 갈라서고 신뢰감이 형성되면 결혼을 한단다. 그래서 결혼 전 아이도 생기고 미혼모라 해도 새로운 남자와의 결합해도 흠이 되지 않는단다. 최근 노르웨이 왕세자의 결혼 상대 메테 마리트라는 여인은 어릴 적 부모의 이혼과 불량한 환경에서 성장하며 빈민가에서 마약을 하고 난잡한 혼숙 생활로 사생아를 출산한 미혼모이기에 왕족들이 반대했지만 왕세자와 여인의 열렬한 사랑과 애절한 호소로 왕족을 설득하여 결혼을 성취하였다니 우리 문화와 동떨어진 사건이라 의아심을 자아낸다. 노르웨이 국기는 자유, 평등, 박애를 상징하는 3색 바탕이라 한다.
 스웨덴 출신의 노벨은 노벨 평화상만은 노르웨이의 수도 오슬로 시청사에서 시상식을 하게 했는지 알 수 없다.

 들판이 비스듬히 누운 듯 초원에서 맑은 하늘 아래 한가하게 양떼의 풀 먹는 모습이 평화의 벌판이다. 간간이 누워 쉬는 한 마리 양은 바위 형상으로 보인다. 버스 속의 침묵을 깨고 가이드가 들려주는 방랑자의 사랑 이야기는 흥미롭다.

 〈초원에 양 치는 농부는 동화 속의 집에서 사랑하는 아내와 귀여운 아이(페르딜스)와 함께 평화를 누리다가 미지의 세계를 동경하며 사랑하는 아내를 홀로 두고 집을 떠나 돌아오지 않는다. 산골 오두막에서 남편을 기다리는 부인은 외롭고 고단하지만 아들만이 유일한 희망이다. 부인은 아들이 장성하니 아버지처럼 떠날까 봐 걱정이 돼 아들을 붙잡는 수단으로 이웃 처녀(솔베드)와 결혼을 시키기로 하였다. 어머니의 근심이 사라지고 화목한 가정을 공유하지만 야속한 세월을 붙잡지 못해 늙고 병든 어머니가 세상을 떠나면서 가정은 적막하고 불운이 엄습한다.
 아버지의 방랑벽을 타고난 남자는 아내(솔베드)에게 넓은 세상을 보고 싶다며 졸라 허락받고 나그네의 신분이 된다. 정처 없이 천하를 돌아다니던 중 말을 기르던 목장에 정착하여 머슴살이 일을 한다. 말을 타고 초원을 달리는 멋진 남자에게 반한 목장 아가씨의 구애를 뿌리칠 수 없었단다. 어느 날 여인은 준비한 만찬에 남자를 초대하고 황홀한 밤의 별을 세면서 사랑이 영근다. 그리고 세월이 흐르니 남자는 또 떠나야 한다는 욕구를 참을 수 없어 여인에게 보내 달라 애원하였지만 부인은 절대로 보내지 못한다며 남편을 붙잡기 위해 남자가 소유한 돈과 장신구 그리고 옷도 빼앗아 버린다. 그럼에도 불구하고 남자의 욕망은 사그라지지 않아 빈 몸으로 결국 여인의 곁을 떠난다. 남자는 세월 따라 물을 건너고 들을 지나 산을 넘다가 지치고야 만다. 산속 광산에서 배고픔에 밥을 얻어먹고 광부가 된다.

그곳에서 일을 하면서 혼자 열심히 하여 광산 주인이 되고 모이는 재산은 세월만큼 불어나 부자가 되었지만 나이를 먹고 늙어가면서 외로움과 고독을 견딜 수 없어 가족을 향한 그리움이 폭포처럼 쏟아져 밀려와 두고 온 집에 돌아가기로 결심하고 낙엽 지고 찬바람이 부는 초겨울 광산을 처분하여 모은 재산을 간직하고 금의환향을 꿈꾸며 배에 오른다. 그리운 고향의 아내를 만나 행복한 여생을 꿈꾸며 배는 대서양을 건너는데 갑자기 태풍이 불고 큰 파도에 배는 난파하고 객지에서 모은 재산이 순식간에 바닷속으로 사라졌으니 빈털터리 신세의 나그네는 고향의 바닷가에 팽개쳐 정신을 잃은 채 쓰러졌다가 겨우 정신을 차리고 고단한 육신을 끌고 그리운 옛날 집에 도착했다.

집 안의 한 노파가 의자에 앉아 털모자를 뜨개질하는 모습이 어릴 적 어머니였다. 반가운 마음에 어머니, 부르며 들어가니 어머니는 안 계시고 남편이 돌아오면 씌워 줄 털모자를 뜨개질하는 여인은 어느새 어머니처럼 늙어버린 아내(솔베드)이다. 오랜 세월 수절하며 기다려준 아내가 반갑고 고맙지만 세월만큼 쌓인 죄를 참회할 여력도 없이 지쳐 쓰러져 부인의 무릎을 베고 조용히 숨을 거둔다.〉

흥미로운 이야기가 끝날 무렵 버스는 전설의 마을에 도착하여 애틋한 사랑의 이야기를 간직한 집은 지붕에 잔디를 깔려있지만 초라할 뿐 그래도 관광객은 호기심을 유발하여 건물을 배경하여 기록사진도 찍느라 부산하다.

노벨 평화상을 시상하는 오슬로 시청사는 서울시청에 비하면 초라하고 조용한 건물이 세계 역사의 중심에 선 노벨 평화상 행사를 거행하는지 검소하고 순박한 노르웨이 국민성에 경의를 표하련다. 노르웨이 땅 오따라는 마을은 해발 980m 산장에 위치하여 자연 속의 맑은 경치를 감상하며 호텔에 투숙한다. 노르웨이 탐험가 아문센이 세계 최초로 북극을 탐험했지만 처음 목적은 남극을 탐험하려다 먼저 남극 탐험가가 있다는 소식을 접하고 북극 탐험으로 진로를 변경하였단다.

9월 6일 금요일 흐림

바쁜 여정에 따라 새벽에 호텔을 출발, 해발 980m 고원에서 버스로 굽이굽이 달리는 동안 수많은 터널도 통과한다. 고지의 잔설이 녹아 흘러 잔잔한 물을 담은 호수가 아름답다. 나무와 풀이 자라지 않아 벌거숭이 고원에 점찍은 듯 산들이 보인다.

구불구불 좁은 길을 관광버스는 누에가 뽕나무 잎 위를 기어 다니듯 느리다. 해발 1,300m 정상의 빙하를 배경하고 사진도 찍고 산꼭대기 잔설이 만년설이라니 믿기지 않는다. 호수에서 유람선을 타고 산야를 관찰하니 산꼭대기에 얼음이 녹아 흘러 폭포라는 안내자의 설명에 두리번거리며 숨은 그림 찾는 양 흥미롭고 좁은 계곡 따라 흐르는 물줄기가 송아지 오줌 싸는 장면인지 초라한 폭포였다. 지금 우리는 유럽의 문화유산을 찾는 여행이 아니고 산이 많은 고원 지대에서 빙상(눈 쌓인 정상)을 보고 빙모(눈 덮인 산)를 확인하며 꼭 빙하(계곡과 계곡 사이 잔설)를 감상하니 50여 년 전 군대시절 진부령을 넘던 기억이 새롭다.

9월 7일 토요일 비

산악열차를 타기 위해 이동하는데 마을 주변에 묘지(수목장도 있음)들이 보인다. 버스는 세계에서 제일 긴 터널(24.5km)를 통과하며 빙하가 녹아 흐르는 물줄기는 천사의 눈물처럼 곱디고운 폭포수 줄기, 끝없이 낙하하며 속삭이는 소리가 선녀의 울음소리이다. 굽이굽이 흘러내리는 물이 나무뿌리를 간지럼하는 듯, 돌덩이를 어루만져 조약돌을 만든다. 폭포수가 흐르는 계곡이 가파르다. 노르웨이 고원지대 보스BOSST는 산악지대로 간간이 쏟아지는 폭포도, 계곡 깊은 데 유령처럼 피어나는 운무 현상도 신비롭다. 물새 한가롭게 유람하는 호수가 많은 이곳이 마치 우리나라 깊은 산야로 착각하지만 구경거리는 한없다. 폴름이란 마을에서 산악열차(우리나라 무궁화호 열차 수준)의 선택 관광(80유로 지불)은 강원도 오지의 철도 관광과 비슷한데 산천을 구경하며 1시간 30분 정도 노르웨이 산골을 감상하면서 보석 같은 추억으로 간직하련다.

점심은 촌락의 작은 마을의 경마장 옆 식당에서 한식으로 먹으며 어설픈 경마 대회를 구경한다. 노르웨이 제2 도시 바르겐으로 이동하다 휴게소의 공중 화장실을 이용하려는데 동전을 투입하고 지하철 게이트 같은 통로를 지나 용변을 봐야 한다. 어시장을 구경하고 스페인의 지배하의 폭정에 항거하려던 이곳 귀족들의 모반 계획이 탄로 나서 지배자를 반대한 귀족들을 숙청하였던 피의 광장도 관찰한다.

9월 8일 일요일
버스를 타고 청순한 산하와 거울 같은 빙하호수를 만나고, 크뢰단을 지나고, 북유럽 산맥을 통과하면서 수많은 터널을 거쳐서 다시 오슬로 시내로 돌아왔다. 매년 노벨 평화상 시상식이 거행되는 시청사에 갔지만 내부는 입장하지 못하고 외관만 관찰했으니 노르웨이 4일간 투어는 싱거운 여행인가 실망하다 뜻밖에 비겔란드의 조각공원 관람은 신비롭고 진주를 캐는 귀한 신비 체험이라 생각한다. 노르웨이 시골에서 태어난 비겔란드가 19세 때 오슬로에 와서 미술을 익히고 조각가로 활동하다 오슬로시와 조각공원 조성 계약을 하여 14년간 121명의 조각가가 작품을 건립함으로써 세기의 조각 공원을 조성하였단다. 공원의 특색은 500개 이상 작품은 전부 사람이며 나체로 생동감 넘치는 포즈마다 감탄을 금할 수 없었다. 특히 남녀 모두 벌거벗었고 남자의 음경 또는 고환이 마치 살아 행동할 듯 경이롭고 여성의 나신裸身의 생동감은 흥미진진한 신비를 내재하는데도 자세히 감상하고 싶은 충동은 여자 일행의 눈치가 보여 아쉬운 심사로 지나쳐 버린다.

오슬로 최대 번화가 카를요한 거리는 걷지 못하고 입구에서 아이스크림(우리 돈 8,000원 정도)만 사먹는다. 선착장으로 이동하여 유람선에 승선하니 2층에 숙소에서 여장을 풀었다. 뱃고동 소리 들으며 떠나는 배 식당에서 저녁식사를 하고 면세점에서 아내는 선글라스Rayban을 샀다. 인솔자가 와인 한 병을 주면서 하나투어 이동한 사장의 선물이라니 고맙게 받았다.

9월 9일 월요일

잠이 깨 밖에 나오니 우리의 배는 망망대해를 항해하는 중이다. 면세점에 갔다가 손녀에게 선물할 머리띠를 샀다. 오전 9시 50분 덴마크에 도착하여 하선하고 덴마크가 자랑하는 바닷가의 인어 상을 봤지만 오슬로의 비겔란드의 조각공원에 비해 초라할 뿐이다. 덴마크는 인구 530만의 작은 나라이지만 의료 장비 등 첨단소재 생산으로 선진국이며 1427년 개교한 코펜하겐대학이 자랑이다. 동화 작가 안데르센 동상을 배경으로 하여 사진을 찍는다. 현재도 여왕과 가족이 생활하고 있는 아멜리 엔보그 성과 북유럽 전설의 주인공 게피온 분수를 구경한다.

휄싱괴르를 출발하여, 헬싱보리간 페리호(선편)를 탑승하고 보튼 호수를 끼고 있는 아름다운 도시 왼쇠로 이동하여 스웨덴에 도착한다. 스웨덴은 고속도로 주변 광활한 초원에 흰 양떼들의 평화로운 전경이 싱그럽고 아름답다.

9월 10일 화요일

헬싱보리에서 버스로 330km를 달리면서 본 호수는 서울 면적의 3.5배라니 넓은 바다로 착각한다. 옥수수 밭이 끝없나 하더니 간간이 숲속에 나타난 집은 동화속의 그림처럼 신비롭다. 광활한 대지는 지평선 멀리 경작하지 않는 대지는 농작물이 자라지 않아 아깝다는 생각이 부지런한 한국 농민이라면 풍요로운 농사를 생산할 수 있기 때문이다.

　스톡홀름이 가까워지며 하늘을 찌를 듯 자작나무숲이 전개되고 숲속의 집에 누가 사는지 궁금하다. 스웨덴은 인구 950만여 명이지만 면적은 한국의 4.5배이며 스톡호름 인구는 약 200만 명이라 한다. 스웨덴 출신 노벨은 1833년 태어나 1896년 작고했는데 노벨상은 1901년 제정하여 평화상을 뺀 5개 부문 상 시상식은 스톡홀름 시 청사에서 거행한다 한다. 시 청사를 매주 토요일 결혼식장으로 개방하는데 결혼식이 바르면 30초에 끝나고 길어야 3분을 안 넘긴다 한다. 이곳에도 바사호의 역사를 조명하는 바사박물관을 관람하고 살아 있는 중세 박물관 감라스탄으로 이동하여 왕궁, 대성당, 대 광장, 귀족의 집 등을 관광하고 배(실자라인)를 탑승 스톡홀름을 출발한다. 선내 식당에서 저녁식사를 하며 2잔의 와인을 마셨더니 얼굴이 붉게 달아올라 버린 늙은이 꼴이 부끄럽다.

9월 11일 수요일

　선상 조식 후 배는 투르크항에 도착하여 버스를 타고 헬싱키로 향한다. 시내 중심가 만네르하임 거리를 걷고 대성당 대통령 관저가 있는 원로원 광장, 헬싱키의 명물 마켓광장(카우파토리), 바위 속의 탬펠리아우키오 암석교회를 멀리 바라보고 핀란드 대표적 작곡가 사벨리우스를 기념한 사벨리우스 공원과 파이프 기념비 등을 관광한다. 과거 세계적 휴대폰 시장을 석권하던 노키아 모바일이 필란드 브랜드임을 인식한다. 또한 호화 유람선과 쇄빙선 건조로 조선 산업이 융성하고 가구 산업이 신장한 가치는 좋은 원목이 풍부하여서란다. 이곳 나무의 용도는 소나무로 가구를 만들고 전나무는 크리스마스 트리용이며 자작나무는 전통 사우나의 소모품 및 자일리톨 원료가 된단다. 헬싱키에서 배를 타기 위해 이동하는 동안 광활한 대지가 지평선 멀리 황무지로 존재하여 아쉬움이 남는다. 핀란드 구경을 마치고 탈링크(쾌속선)를 타고 수평선이 아득한 넓은 호수를 건너 에스토니아 수도 탈린항에 도착했다. 에스토니아는 1991년 러시아로부터 독립한 인구 133만 명의 작은 나라이지만 관광국으로 1인당 GNP는 2만불이란다.

9월 12일 목요일 맑음

탈린은 활기찬 도시이다. 에스토니아는 덴마크, 독일, 스웨덴, 러시아의 지배를 받았던 나라로서 지배국의 피의 학살 등 만행을 행한 흔적이 식민지의 불행한 유적지를 볼 수 있었다. 유네스코 지정 문화유산도시 탈린시내 구 시가지를 관광하면서 공중 화장실이 없어 불편하고 청결하지 못한 거리는 호감을 못 느낀다. 가이드의 안내를 받아 알렉산더 네프스키 성당(러시아 지배 당시부터 예배를 드리는 성당으로 가톨릭과는 다름)을 들어갔더니 신자들의 좌석이 없고 성직자가 향을 담은 용기를 흔들며 군중 속을 걸어 다니는 모습을 목격한다. 에스토니아에서 가장 오래된 돔교회와 탈린시를 한눈에 조망 가능한 폼페아 언덕을 오른다.

　이제 러시아를 향해 버스를 타고 달리는 대지는 끝이 없어 보인다. 버스차창 밖으로 자작나무 군락이 전개되고 광활한 평원에 거대한 풍차(날개 지름 약 10m)들이 느리게 회전하며 발전發電하나 보다. 약 3시간 정도 경과하여 국경에 도착하였지만 입국 심사 절차가 발목을 잡는다. 사회주의 러시아의 심사관은 전혀 바쁘지 않고 업무의 효율성은 관심 없단다. 그래서 어느 때는 입국심사 받는 데 6시간을 소비해도 불평을 못 하고 기다려야 한다. 관광버스가 먼저 대기하였더라도 늦게 온 유료 버스(국경 통과 러시아 버스)는 우선 통과시키지만 겨우 심사대에 서서 마치 시험 잘못 보고 선생님의 처분을 기다리는 초등학생 심정으로 심사원(예쁘지만 눈초리 날카로운 러시아 여성)의 눈치만 봐야 한다. 국경을 통과한 버스는 숙소를 향해 달린다. 숙소를 향하는 동안 침묵을 해소하려는 인솔자의 러시아에 대한 설명에 주목하니 보드카는 러시아인이 즐겨 마시는 축복이라 하고 3가지 저주로는 ① 엄청난 추위, ②러시아 남자(게으름, 바람기, 단명) ③ 보드카(주정뱅이) ④이혼율(70%)이라 들려준다. 국경을 넘어 러시아의 옛 수도이자 유네스코 세계문화유산의 도시 페테르부르크에 도착하니 국경 통과 후 6시간이 지난 고단한 여정이었다.

9월 13일 금요일 맑음

　페테르부르크는 항상 두꺼운 구름층에 가려 흐리며 해가 뜨는 날이 1년에 10여 일이라니 해가 뜨지 않는 곳을 수도로 건립했는지 의문이다. 이 도시의 건축물은 유럽 최고의 건축가들의 작품으로 건립하였기에 문화와 예술의 혼이 담긴 아름다운 도시란다. 이곳에 연장 74km의 레다 강이 흐르고 계란의 형상을 닮은 도시의 조형물들이 문화적 예술의 가치를 지니고 있는데, 아래와 같이 정리해보았다.

　(1) 건물 형태(유럽의 건축 예술가의 작품)
　(2) 제정러시아 수도로서 궁전(220여 개) 존재
　(3) 성당의 수(300년 이상 된 성당이 800여 개)
　(4) 박물관 600여 개(300여 년 전 건설된 도시)
　(5) 예술의 도시
　　- 620개 다리(올리고 내림: 112개)
　　- 궁전(여름 궁전, 겨울 궁전)
　　- 세계 최대의 박물관

　러시아 국민은 독한 술을 좋아하여 술이 취하면 한 데서 동사 사고가 빈번하고 시체는 눈이 녹은 후 발견되기도 한다. 또한 자살률이 높은 편이다.
　러시아 인구는 약 1억 4천3백 만 명이라 한다. 점심을 먹고 나서 인류학 박물관을 관람하고 이삭 성당을 배경으로 한 사진을 찍는다. 니콜라이 1세가 누구인지 모르지만 동상도 관찰했다.

9월 14일 토요일

 오늘이 마지막 날, 3시 40분 기상하여 공항으로 이동 모스크바행 비행기를 탄다. 모스크바로 향하는 비행기 창을 열고 밖을 보니 눈 아래 펼쳐진 구름층은 마치 두터운 눈밭처럼 신비롭다. 구름(안개) 속을 비행기는 헤매나 불안했지만 조종사는 용하게 구름을 헤치며 목적지를 찾아가나 보다. 모스크바 공항에 내려 버스로 시내를 달려 크렘린(붉은) 광장과 역사박물관을 관람했다.

 〈내 사전에 불가능은 없다〉란 명언을 남긴 나폴레옹의 군대가 알프스산맥을 넘어 러시아를 침략하고 모스크바시에 입성하려는데 패전군 사령관은 침략자 나폴레옹에게 항복하면서 점령군을 환영식 준비 기간을 허락 받고 모스크바 시민에게 고하였다. 〈우리는 모스크바는 포기해도 러시아는 빼앗길 수 없다〉라 결의하고 모든 시민은 모스크바를 철수하였는데 러시아 국민의 영접을 기다리던 프랑스군이 시내에 입성해보니 도시는 텅텅 비고 먹을 것도 없어 험준한 알프스를 넘어온 군대는 굶주림과 피로가 겹치고 쉴 곳도 마땅치 못했다. 그리고 겨울이 깊어가며 혹독한 시베리아의 추위로 병사들이 아사하는 일이 속출해 점령군은 결국 러시아를 철수하는 것밖에 도리 없었단다.

　모스크바는 여름에 백야 현상이 있어, 밤은 짧지만 겨울에는 해 뜨는 시간이 3, 4시간이란다. 붉은 광장의 야외시장은 러시아 최대 규모이고 1555년 건축한 성 바슬리 성당의 웅장하고 우아한 모습에 반한 불란서 황제가 파리에도 이와 같이 화려한 건물을 세우고 싶어 러시아 황제에게 성당 건축가를 초청하련다고 청하였지만 황제는 건축가들로부터 세계에서 가장 훌륭한 건축물은 성 바슬리 성당임을 확인하고 혹시 어느 건축가가 파리에 성 바슬리 성당 같은 건물을 건립할까 의심이 생겨 건축가들의 눈을 뽑아버렸다고 한다. 유명한 볼쇼이 극장을 지나치고 모스크바에 수많은 궁궐과 극장이 많아 유럽의 문화와 예술을 상징한단다.

　점심은 일식당에서 한식을 먹었는데 맛있었다. 거리에는 현대 자동차 매장도 기아 차 매장도 보이고 롯데빌딩을 보면서 한국인의 긍지를 느낀다. 서울의 인사동이라는 거리의 상점에서 아내의 밍크 모자를 사는 데 점원이 한국말을 알아들어 당황했다. 그래도 정가 280유로짜리를 150유로에 살 수 있었다. 11일간 북유럽을 여행하면서 박물관을 구경하고 많은 예술 작품을 접하였으며 피카소, 고흐 등 그림도 감상하였지만 조각품을 감상하면서 유익한 학습으로 생각한다. 대개 인간의 조각은 나신(裸身)으로써 신체 상태를 놓치지 않고 조각품으로 승화시킨 작품에 감탄성이 절로 나온다. 예를 들어 모델이 팔을 뻗쳐 구부리며 나타나는 갈비뼈 형태를 생동감을 살려 나타내는 조각물을 감상하며 말이다.

러시아 대통령 집무실이 있는 크렘린 궁 관람 차 입장하는데 정문의 보초(수위)는 차렷 자세를 쇼윈도의 인형처럼 고정하고 서 있다. 자세히 관찰해보니 눈동자도 움직이지 않는 표정이 신기해 아내는 경비를 배경으로 사진을 찍는다. 이곳 입장료가 8만 원 정도라니 너무 비싸고 대통령을 볼 수도 없으며 러시아 성당만 들여다보는 행사가 실망이다. 특히 화장실이 안 보여 불편했고 다급한 처지에 가이드의 안내를 받아 들어간 공중화장실에서 청소부(50대의 여성)는 고래고래 소리치며 야단하여 쫓겨 나와 가이드에게 왜 저러냐고 물으니 청소 중이니 이용할 수 없다면서 만약 그냥 용변을 보다가는 물벼락을 맞을 수 있다니 황당하다. 문화와 예술의 나라 구경도 좋지만 지극히 폐쇄적이며 불편한 러시아 여행은 즐겁지 못했다. 모스크바를 떠나려는 출국 심사도 까다롭고 더딘지 짜증이 난다. 여권을 보고 사람을 보고 앞·뒷장을 넘기며 한가로운 아가씨는 선해 보이며 아름다운데도 말이다.

9월 15일 일요일
자정을 넘어 비행기는 모스크바 공항을 이륙하여 한국을 향해 비행하는 창밖으로 어둡지 않은 창공은 백야 현상 때문이다. 하얀 구름층은 동짓날 팥죽 만들기 위해 준비한 쌀가루 같다. 10여 시간이 지나 인천공항에 도착하여 짐을 찾고 전철을 타고 집에 돌아왔으니 12일간 여정은 끝난다.

발칸반도 여행 (2016. 05. 16~05. 23)

5월 16일 월요일 맑음

　아내의 극성스러운 독촉 때문에 새벽 3시에 잠을 깼다. 간단하게 빵으로 조반을 하고 6시 30분발 전철을 타고 김포공항에 도착하여 인천공항행 전동차로 갈아탔다. 인솔자는 8시 30분까지 오라고 했지만 아내의 부산스러움 때문에 1시간 일찍 도착해 고생이 시작되었다. 12시 10분 탑승 수속까지 무려 4시간 40분을 대기해야 하니 말이다. 아시아나항공 비행기로 11시간을 비행하여 새벽의 프랑크푸르트 공항에 도착했더니 하얀 안개가 깔려 눈 내린 시베리아 벌판처럼 보였다. 시차는 7시간 느리고, 프랑크푸르트 공항은 인천공항에 비해 작고 불결하게 느껴졌다. 여행객이 아무 데서나 흡연하고 공사 중인 곳도 있어 불편을 참아야 했다. 특히 대한항공으로 오는 승객과 합류하기 위해 더 기다려야 했다. 뮌헨으로 이동하여 호텔에서 여장을 풀었다.

5월 17일 화요일 흐림, 비

　오랜만에 양식을 먹으며 커피를 마셨다. 오스트리아로 이동하며 알프스 산맥을 구경할 수 있었다. 알프스는 스위스, 독일, 프랑스, 이탈리아, 오스트리아 등 많은 나라가 공유하지만, 오스트리아가 2/3를 차지한다. 그러나 적은 면적을 소유한 스위스가 오히려 관광 마케팅이 활발한 것이 이변처럼 느껴진다. (몽블랑 해발 4,807m) 잘츠부르크로 이동하여 미라벨 정원, 게트라이데 거리, 모차르트 생가 외관, 호엔잘츠부르크 성 외관을 조망한 뒤 잘츠캄머구트로 이동했다. 오스트리아는 과거 소금 광맥이 있어 부를 축적하였고, '잘츠부르크'의 어원도 '소금 도시'란 뜻이다. 이승만 초대 대통령의 부인 프란체스카의 고국이며, 사운드 오브 뮤직과 모차르트로도 유명하다. 유람선에서 맥주를 마시며 모차르트가 소년기를 보낸 외갓집 터와 산천을 구경했다. 여인의 젖가슴처럼 곱게 부풀어 오른 산봉우리를 구름이 감싼 모습이 인상적이었다.

　허허벌판의 풀은 누가 깎아주는지 곱고 가지런한 금잔디 위에 동화 속 나무별장이 있다. 차 안에서 영화 '사운드 오브 뮤직'을 보던 아내가 갑자기 헛소리를 하여 당황했다. 오스트리아에서 슬로베니아로 향하는 중, 아내가 "여기가 어디냐", "왜 왔느냐", "어디 가느냐"는 등 돌발적인 반응을 보여 가이드에게 절박함을 호소했다. 피로 누적에 따른 일시적인 현상이라지만 불안했다. 슬로베니아 라마다 호텔에 도착해 석식을 마친 후에도 횡설수설하더니, 잠들었을 때 참담한 상념으로 밤을 지새웠다. 만약 정신이 돌아오지 않는다면 여행을 포기하고 언어소통도 불가한 이국에서 어떻게 해야 할지 막막했다.

5월 18일 수요일 맑음

다행히 아내는 전날의 이상한 행동을 기억하지 못했고, 정상으로 돌아왔다. 아내를 돌보아야 하기에 좌석은 혼자 앉게 했고, 일행 중 한 분이 자리를 양보해주었다. 늦은 봄인데도 차창 너머 눈 쌓인 알프스 산이 아름다워 사진 찍느라 분주하다. 블레드 호수에서 유람선을 타고 성모 승천 성당이 있는 섬에 갔다. 종을 세 번 울리며 소원을 빌면 성취된다는 말에 아내와 여행의 무사함을 빌었다. 서울 구로 성당의 신부님을 우연히 만나 아내와 함께 안수기도를 받았다.

슬로베니아는 작지만 아름답고 볼거리가 풍부한 나라다. 가지런한 잔디와 동화 속 집 같은 나무집이 인상적이다. 국경을 넘어 이탈리아 트리에스테에 도착해 점심으로 피자와 스파게티를 먹었다. 다시 국경을 넘어 크로아티아 보디체로 입국했다. 북유럽 여행 때의 러시아 입국과 달리 순조로웠다. 아드리아 해변은 아름다웠고, 언덕 위 숲에는 형형색색의 작은 집들이 귀엽게 놓여 있었다. 이곳에는 섬이 무려 1,185개나 된다. 호텔 올림피아에 여장을 풀었다.

5월 19일 목요일 맑음

이른 아침, 아내와 함께 동네를 산책했다. 한적하고 아담한 마을에서 오래도록 살고 싶은 충동이 일었다. 멀리 보이는 넓은 초원에는 풍력 발전기가 돌아가고 있었는데, 마치 제주도 해변을 연상케 했다. 맑은 하늘에 갑자기 비바람이 몰아쳤다. 유럽 사람들이 겉옷을 허리에 두르고 다니는 이유를 알 것 같았다.

고대 로마의 격전지인 크로아티아의 스플리트Split에 도착하여 해변 전망대에 올랐다. 듬성듬성 보이는 옛 궁전의 모습과 재래시장에서 맛본 살구, 체리, 아이스크림이 기억에 남는다. 고대 로마 유적지가 곳곳에 남아 있는 도시였다. 강한 햇빛 때문에 에어컨을 켰다가, 갑자기 천둥번개와 우박이 쏟아지는 변덕스런 날씨가 이어졌다.

이후 아름다운 도시 드브로브니크(세계문화유산)의 성벽길을 투어하고, 아드리아 해 전망대에 올랐다. 기대했던 야경 관광은 생각보다 싱거웠다.

5월 20일 금요일 흐림

천둥번개와 함께 비바람이 몰아쳤다. 버스 안에서 잠시 눈을 붙였다가 깼더니, 찬란한 햇빛이 창밖을 비추고 있었다. 유럽의 고속도로는 한산하고, 휴게소의 작은 화장실은 사용료를 받아 불편했다. 무료 화장실을 발견했을 때는 반가웠다. 한가로운 야산에는 듬성듬성 풍력발전기(바람개비)가 돌아가고 있었다.

　기후 변화가 잦아 4계절 옷을 준비해야 했다. 점심은 송어 정식을 와인과 곁들여 먹었는데 맛있었다. 이후 플리트비체 국립공원(세계문화유산 등재)을 투어했다. 넓은 호수에서 배를 타고 산야를 둘러보는 동안 경치가 참 좋았다.

　투어 막바지, 일행 중 한 분이 소매치기를 당했다. 내가 아내와 걷던 중 수상한 20대 여성 세 명이 우산을 펴고 일행에 접근하길래, 뒤에서 "조심하세요" 하고 제지했지만, 뒤편에 있던 다른 여행객은 지퍼가 열린 가방에서 현금과 선글라스를 도난당했다.

　크로아티아에서 슬로베니아 국경을 지날 때, 경비원이 차량에서 전원 하차시켜 여권을 확인하며 시간이 오래 걸렸다.

5월 21일 토요일 맑음
　슬로베니아 숙소(벤트나바 호텔)의 아침, 태양열이 작열했다. 야산에 보이는 잔디는 곱고 아름다웠다. 바닷가 자연 속 숲이 보이고, 울긋불긋 기와로 치장된 집들은 별장처럼 보였다. 그렇게 슬로베니아를 떠나 오스트리아 비엔나로 향했다.

유럽의 고속도로는 웅장하기보다는 한국의 지방 도로처럼 한산했고, 휴게소에는 카페를 겸한 슈퍼마켓이 성업 중이었다. 화장실은 0.5유로의 이용료를 받았다. 비엔나는 고전적이고 고풍스러운 건물이 즐비한 도시였다. 국회의사당, 시청사(19세기 말 완성된 네오고딕 양식), 성 슈테판 대성당(오스트리아 최대 고딕사원), 케른트너 거리, 오페라하우스(유럽 3대 극장) 등을 둘러보았다.

이후 체코를 향해 이동하는 동안, 버스 창밖으로는 푸른 잔디와 나무숲이 펼쳐졌고, 풍력발전기 군락지와 송전탑이 여유롭게 펼쳐졌다. 말들이 초원을 거닐고, 전원의 집들은 한가롭게 서 있었다. 망가진 풍력발전기는 지친 듯 긴 날개를 펼친 채 쉬고 있었다.

하늘은 파랗고 솜구름은 흘렀다. 어릴 적 고향의 들판을 떠올리게 하는 풍경이었다. 체코 국경 근처에 이르니 들판에 유채꽃이 온통 노랗게 피어 장관이었다. 이렇게 아름다운 자연을 지닌 체코가 왜 사회주의 정치 격변기를 겪어야 했을까, 의문이 들었다.

프라하에 도착한 시간은 밤. 피곤한 몸을 이끌고 저녁 식사를 마친 후에도, 옵션 관광인 프라하 야경 투어(30유로)를 해야 한다니 짜증이 났다.

5월 22일 일요일 맑음

전날 밤 야경을 봤던 프라하 시내를 다시 관광했다. 오랜 사회주의 국가였음에도 고풍스럽고 잘 정돈된 시내는 인상 깊었다. 천년에 걸쳐 건축한 마르틴 성당, 12사도의 조각이 아름다운 카를교, 틴 교회, 바츨라프 광장, 천문시계도 볼 수 있었다. 매 시각이면 시계 옆 작은 창이 열리고, 12사도가 나타났다가 사라지는 모습을 보았다.

프라하에서 보헤미아 지방으로 이동하는 동안 붉은 기와집, 하얀 통나무집, 방목된 말과 포동포동한 소떼가 그림처럼 아름다웠다. 유럽의 산야는 대부분 평야였고, 초원은 가지런하고 푸르렀다. 500년 전부터 맥주를 생산해온 예덴베르크 가문의 역사가 자연을 가꾸어 온 결과라 한다.

프라하를 떠나 유네스코 문화유산으로 지정된 마을로 향했다. 더위와 피로로 짜증이 났지만, 목적지에 도착하여 아이스크림을 먹고 생맥주를 마시니 상쾌했다.

5월 23일 월요일 비

오늘은 어머니의 27주기인데, 불효자는 유럽 여행을 즐기고 있다. 숙소는 숲속에 자리 잡은 마을에 있었고, 창밖으로 지평선 끝까지 숲이 이어졌다. 유럽은 역시 고풍스럽고 오랜 세월을 간직하고 있었다.

조식 후 로텐부르크로 향해 고속도로를 2시간 이상 달렸다. 주변은 온통 초원이었다. 하늘, 공기, 땅, 문화, 건물, 풍경까지 다 우리 집 창고에 보관하고 싶을 정도로 아름다웠다. 때때로 전설인지 현실인지 궁금하게 하는 이곳의 문화와 건물은 경이롭다.

마르크스 광장과 수수한 시청사, 숲속 동화 같은 건물, 골목마다 작은 점포가 붙어 있는 시내 풍경이 인상적이었다. 아내는 손녀에게 줄 인형을 샀다.

저녁 무렵, 프랑크푸르트 공항 면세점에서 친지들에게 줄 선물을 사고 공항으로 이동해 짐을 부치고 탑승 수속을 밟았다. 현지 시각 오후 7시 5분 출발 예정이던 아시아나항공은 7시 40분에 이륙했다. 밤 8시가 되어도 어둡지 않은 유럽의 백야 속에서 구름 위를 나는 비행기, 창밖은 여전히 환하게 밝았다.

뉴질랜드 여행 (2017. 12. 19~12. 26)

12월 19일 화요일 맑음

　오후에 떠나는 뉴질랜드 여행을 준비하며 새벽부터 아내의 성화에 쫓긴다. 여행 가방을 싸고 목욕을 한다. 마을버스에 무거운 가방을 싣고 복정역까지 가는 데 힘이 든다. 전철을 갈아타며 인천공항까지 가는 데 2시간이 걸린다. 아직 탑승까지 2시간 30분을 대기해야 한다. 점심은 간단한 빵으로 때우고 기다리다 짐을 부치고, 탑승 수속 후 115번 게이트를 가기 위해 지하 전철을 탔는데 방향을 잘못 들어 45번 게이트 쪽으로 갔다가 되돌아간다.

　비행기는 중국 국적의 남방항공 소속으로, 작고 초라하다. 16시 20분 이륙하여 20시 20분에 광저우 공항에 도착했다. 서울보다 1시간 늦은 밤 8시였다. 광저우 공항 규모는 김포공항 정도이며 대부분 남방항공기였다. 5시간을 기다려 뉴질랜드행 비행기(미국 제너럴 모터스 마크가 선명한 대형 비행기)를 타게 되었는데, 이코노미석 창가에 앉아 12시간 비행하는 것이 무척 힘들었다. 아내의 인내심이 대단하게 느껴졌다.

12월 20일 수요일

새벽에 광저우를 출발해 오후에 뉴질랜드에 도착했다. 수명이 단축될 정도로 고된 여정이었다. 입국 수속 중 한국인의 도움을 받는데, 여행 가방을 전부 열고 확인하는 과정에서 마중 나온 아들의 전화를 받는다.

간신히 밖으로 나오자 귀여운 손자, 손녀가 달려와 반겨준다. 아들의 차로 단독주택인 아들 집에 왔는데 초여름의 정원은 아름다웠지만, 단열이 안 돼서 추웠다. 서울의 가을 날씨 정도다. 며느리가 차려준 저녁을 먹고, 손자의 침대에서 잠을 청했다.

12월 21일 목요일 흐림

아내가 뉴질랜드산 영양제를 사겠다고 하여 아들의 차를 타고 마트에 갔다. 초록 홍합과 양모 침구도 구입했다. 패키지 여행이라면 바쁘게 구경하느라 시간이 부족했겠지만, 아들 집에서 거하니 오히려 심심하다. 밤 8시에 잠들었다가 자정에 깨어 수면제를 먹었는데, 내가 뒤척이는 통에 아내는 잠을 설쳤다.

12월 22일 금요일 맑음

아들 가족과 함께 관광을 나가서 곤돌라를 타고 야산 정상에 올라 주변을 내려다보니 작은 어촌 풍경이 제주도 같았다. 점심은 햄버거로 해결하고 바닷가를 산책한 후 귀가했다.

12월 23일 토요일 흐림

아내와 아들, 며느리를 쉬게 하려고 손자, 손녀를 데리고 손주의 학교에 갔지만 문이 잠겨 있어 근처 공원에서 시간을 보냈다. 손자가 할아버지의 연애담을 이야기해 달라고 조른다. 대충 꾸며서 이야기했더니 손녀가 호기심을 보이며 경청한다.

집에 돌아오니 아내와 아들이 없다. 혼자 햄버거를 사 먹고 공원에서 놀다가 돌아와 쉬었다. 아들과 함께 집 근처에서 많은 대화를 나누었다. 타국에서 아들 가족끼리 잘 살기를 바라는 마음이다. 오후에는 아들의 차에 편승해 크라이스트처치 시내를 구경했다. 시내 중심에는 제법 높은 건물도 있었는데, 지진으로 부서진 성당을 보고 기록 삼아 사진을 찍었다.

12월 24일 일요일

아침을 먹고 일정에 따라 보타닉 가든에 갔다. 평범한 공원이었지만 시냇물이 흐르고, 오리들이 떼 지어 다닌다. 울창한 나무들 중에는 지름이 50~60미터에 달하는 것도 있어 하늘을 가렸다.

공원 내 난장에서 음식을 사 먹고 '코끼리 차'라 불리는 관광 열차를 타고 풍경을 감상했다. 귀가했다가 저녁에는 크리스마스이브 행사를 위해 교회에 갔다. 교인들이 각자 음식을 준비해 와 파티를 열고 예수님의 탄생을 축하하는 예배를 드렸다. 다양한 음식과 과일, 돼지고기, 양고기, 바비큐도 맛있었다. 뉴질랜드의 '서머 크리스마스'도 흥미로웠다. 예배 후 선물 교환 시간에는 아내가 예쁜 가방을 받았다.

12월 25일 월요일 맑음

뉴질랜드에서 '서머 크리스마스'를 맞았다. 손자, 손녀는 전날 밤 산타클로스 할아버지가 놓고 간 선물을 풀어보며 즐거워한다. 옆집 할머니가 손주에게 선물과 크리스마스 카드를 전해주었고, 손자는 영어로 된 글을 읽으며 내게 설명해 준다.

아들은 부모에게 좋은 추억을 남기고 싶어 바닷가로 차를 몰았다. 1시간 정도 달려 아카로아 해변에 도착했는데, 산과 산 사이에 자리한 호수 같은 바다 풍경이 아름다웠다. 휴가철이라 점포들은 모두 문을 닫았지만, 며느리가 준비한 도시락 덕분에 배고프지 않았다.

날씨는 덥지만 한국의 여름보다는 견딜 만했다. 태국의 송성현 씨가 카톡으로 뉴질랜드 전경이 궁금하다고 해 가족사진을 보내주었다.

12월 26일 화요일 흐림, 비

귀국하는 날이다. 뉴질랜드 온천에 가려 했지만 왕복 3시간 거리이고 비도 와서 시내 관광으로 일정을 바꿨다. 과거 지진으로 무너진 성당 근처에서 신축 성당을 둘러보았는데, 성모 마리아 상이 없어 색다른 느낌이었다.

(2011년 2월 크라이스트처치를 강타한 지진으로 인해 성당 일부가 붕괴되고, 185명의 사망자와 많은 부상자가 발생하였다. 본래 신고딕 양식으로 지어진 대성당의 탑과 장미 창도 무너졌고, 계속된 여진으로 건물 전체에 금이 가는 등 피해가 컸다. 신축 성당은 일본 건축가 '사게루 반'이 설계하여 판지, 현지 목재, 철재, 광택 처리된 콘크리트 바닥으로 구성되어 있으며, 외부 지붕은 폴리카보네이트로 만들어졌다.)

한국인이 운영하는 식당에서 점심을 먹고 귀가 후 밤 비행기를 기다리는 동안 며느리는 저녁 식사를 준비하고 손주들과 이야기를 나누었다.

출국 시간. 원래 이코노미석이었지만, 아들이 공항 직원과 여러 차례 대화 끝에 비즈니스석으로 변경해 주었다. 라운지에서 주스를 마시며 쉬다가 탑승하여 넓은 좌석에서 특별한 식사를 즐기며 12시간을 안락하게 비행했다. 광저우 공항에서 약 4시간을 대기한 뒤 인천행 비행기로 갈아타고 고국으로 돌아왔다.